In Partnership with

KNOWLEDGE INDIA Publication

सार्थक सीरीज

गवर्नेन्स

UPSC M GS 2

Mains Handwritten Notes

UPSC & State PSC परीक्षाओं के लिए समान रूप से उपयोगी

AF798341

S. CHAND PUBLISHING

S Chand And Company Limited

(ISO 9001 Certified Company)

एस चन्द एण्ड कम्पनी लिमिटेड
(ISO 9001 Certified Company)
Head Office: D-92, Sector–2, Noida 201301, U.P. (India), Ph. 91-120-4682700
Registered Office: A-27, 2nd Floor, Mohan Co-operative Industrial Estate, New Delhi – 110 044,
Phone: 011-49731800
www.schandpublishing.com; e-mail: info@schandpublishing.com

मार्केटिंग ऑफिस:

चेन्नई	:	Ph: 23632120, chennai@schandpublishing.com
गुवाहाटी	:	Ph: 2738811, 2735640 guwahati@schandpublishing.com
हैदराबाद	:	Ph: 40186018, hyderabad@schandpublishing.com
जालंधर	:	Ph: 4645630, jalandhar@schandpublishing.com
कोलकाता	:	Ph: 23357458, 23353914, kolkata@schandpublishing.com
लखनऊ	:	Ph: 4003633, lucknow@schandpublishing.com
मुम्बई	:	Ph: 25000297, mumbai@schandpublishing.com
पटना	:	Ph: 4011400, patna@schandpublishing.com

प्रथम संस्करण 2026

ISBN : 978-93-7359-354-8 **Product Code:** H1SSV47PLSC20HIAA26O

भारत में,
श्री श्यामलाल प्रिंटिंग प्रेस प्राइवेट लिमिटेड, प्लाट नं. 20/4, साइट-4, इंडस्ट्रियल एरिया, साहिबाबाद, गाजियाबाद-201010
द्वारा मुद्रित एवं एस चंद एण्ड कम्पनी लिमिटेड, ए-27, द्वितीय तल, मोहन कोऑपरेटिव इंडस्ट्रियल एस्टेट, नई दिल्ली-110 044 द्वारा प्रकाशित।

विषय सूची

1 शासन एवं सुशासन, भ्रष्टाचार

UPSC Mains : Governance
GS - 2

पाठ्यक्रम

- शासन और पारदर्शिता के महत्वपूर्ण पहलू और जवाबदेही, ई-गवर्नेंस - अनुप्रयोग, मॉडल, सफलताएँ, सीमाएँ और संभावनाएँ; नागरिक-चार्टर, पारदर्शिता और जवाबदेही तथा संस्थागत और अन्य उपाय।
- लोकतंत्र में सिविल सेवाओं की भूमिका

(PYQ) UPSC Main

9.1 → ई गवर्नेंस परियोजनाओं में उपयोगकर्ता केन्द्रित डिजाइनों की तुलना में प्रौद्योगिकी और बैक एंड एकीकरण के प्रति अंतर्निहित पूर्वाग्रह है। परीक्षण कीजिए।

(UPSC-2025, 10 अंक)

9.2 नागरिक केन्द्रित प्रशासन को सुनिश्चित करने के लिए नागरिक अधिकार पत्र एक ऐतिहासिक पहल रही है।

किंतु इसे अभी भी अपनी पूर्ण क्षमता तक पहुँचना बाकी है। इसके वादे की प्राप्ति में बाधा डालने वाले कारकों की पहचान कीजिए और उन्हें दूर करने के उपाय सुझाए।

(UPSC-2024, 15 अंक)

Q.3 ई-गवर्नेंस सेवा प्रदायगी की प्रक्रिया में डिजिटल प्रौद्योगिकी का नैत्यिक कार्यों में अनुप्रयोग मात्र ही नहीं है, इसमें पारदर्शिता और जवाबदेयता को सुनिश्चित करने के लिए विविध प्रकार की अन्तःक्रियाएं भी हैं। इस संदर्भ में ई-गवर्नेंस के 'इन्टरेक्टिव सर्विस मॉडल' का मूल्यांकन कीजिए।

(UPSC-2024, 15 अंक)

Q.4 अभिशासन के एक महत्वपूर्ण उपकरण के रूप में ई-शासन ने सरकारों में प्रभावशीलता, पारदर्शिता और जवाबदेयता का आगाज कर दिया है। कौन-सी अपर्याप्तताएं इन विशेषताओं की अभिवृद्धि में बाधा बनती हैं?

(UPSC-2023, 150 शब्द, 10 अंक)

शासन के महत्वपूर्ण पहलू

UNDP : शासन का आशय सभी स्तरों पर देश के मामलों का प्रबंधन करने से है।

→ निर्णय लेने एवं निर्णय लागू किए जाने की प्रक्रिया से है।

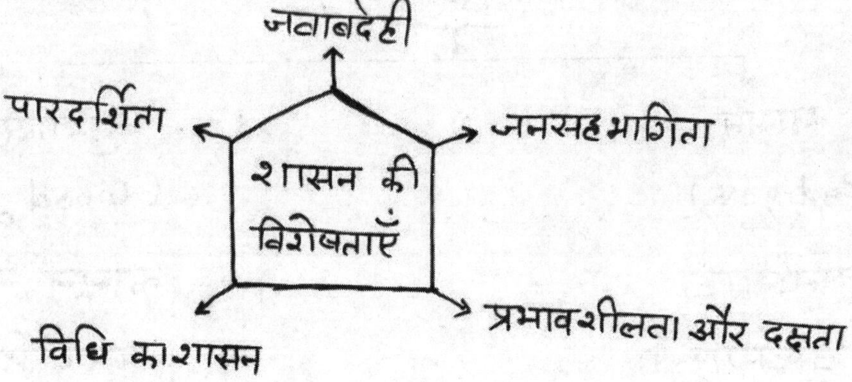

शासन के हितधारक

- राजनीतिक कर्ता व संस्थाएं
- हित समूह
- मीडिया
- नागरिक समाज
- गैर सरकारी संगठन
- अंतर्राष्ट्रीय संगठन

शासन :→

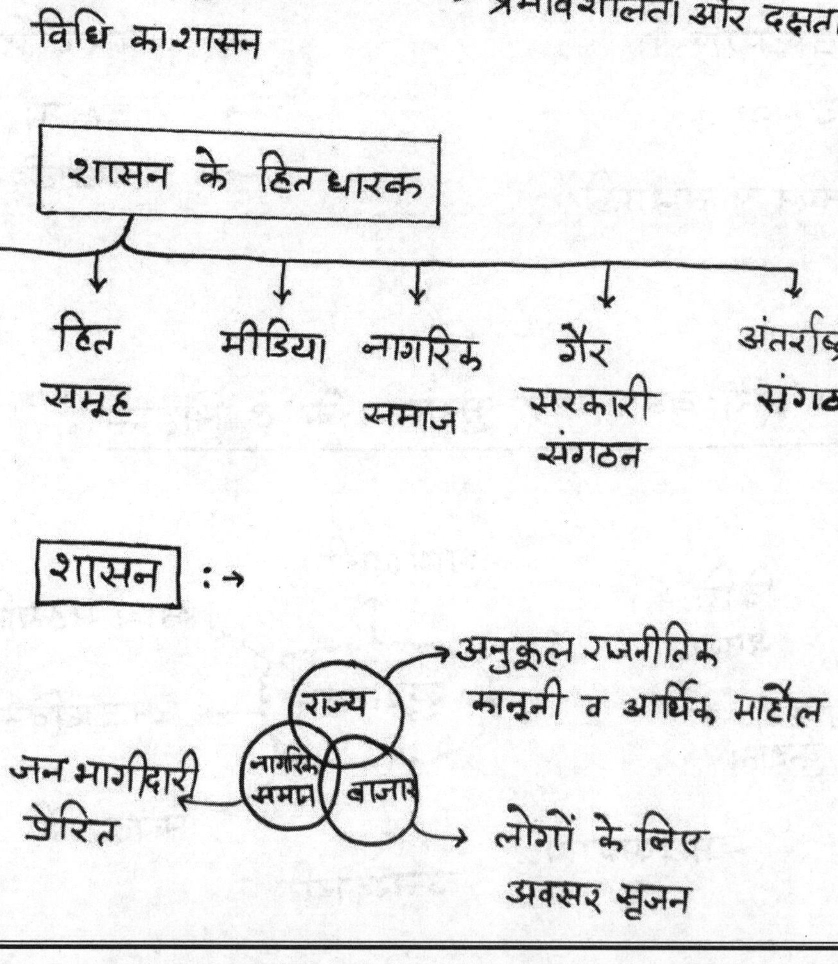

सुशासन :- शासन की गुणवत्ता से संबद्ध

- → भ्रष्टाचार को कम से कम
- → अल्पसंख्यकों के विचारों को ध्यान
- → निर्णय लेने में लोगों की भागीदारी

तुलना

शासन (Bad gov.)	सुशासन (Good gov.)
→ तानाशाही	→ कानून का शासन
→ भ्रष्टाचार ↑	→ पारदर्शिता
→ दक्षता ↓	→ दक्षता
→ लाल फीताशाही	→ जवाबदेयता

• UN द्वारा बताए गए सुशासन के 8 सिद्धान्त

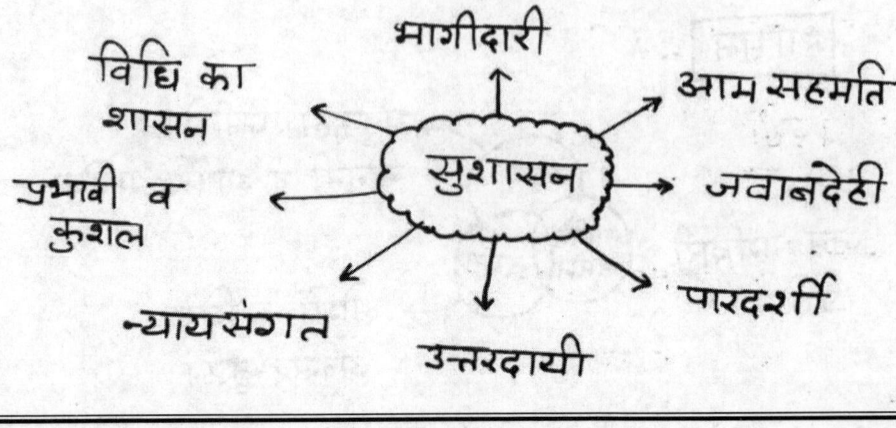

- **SDG 16** PEACE AND JUSTICE

STRONG INSTITUTIONS

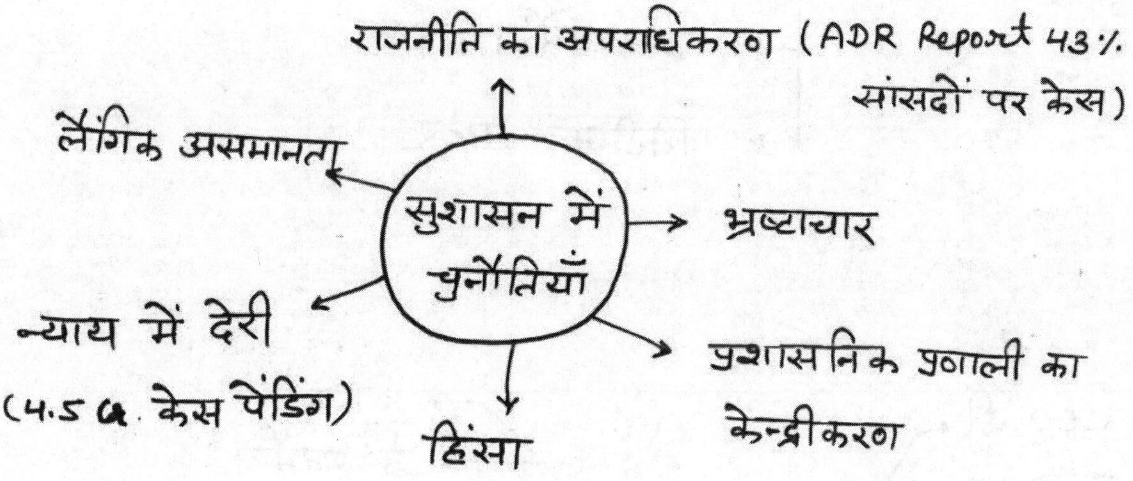

Tag line

- सबका साथ- सबका विकास- सबका विश्वास
- महात्मा गाँधी का सु-राज
- सर्वोदय + अंत्योदय की अवधारणा
- समावेशी एवं सतत विकास

सुशासन हेतु पहलें

- पारदर्शिता
  - → RTI 2005
  - → CPGRAMS
  - → ई- गवर्नेंस पहल
  - → सिटीजन चार्टर

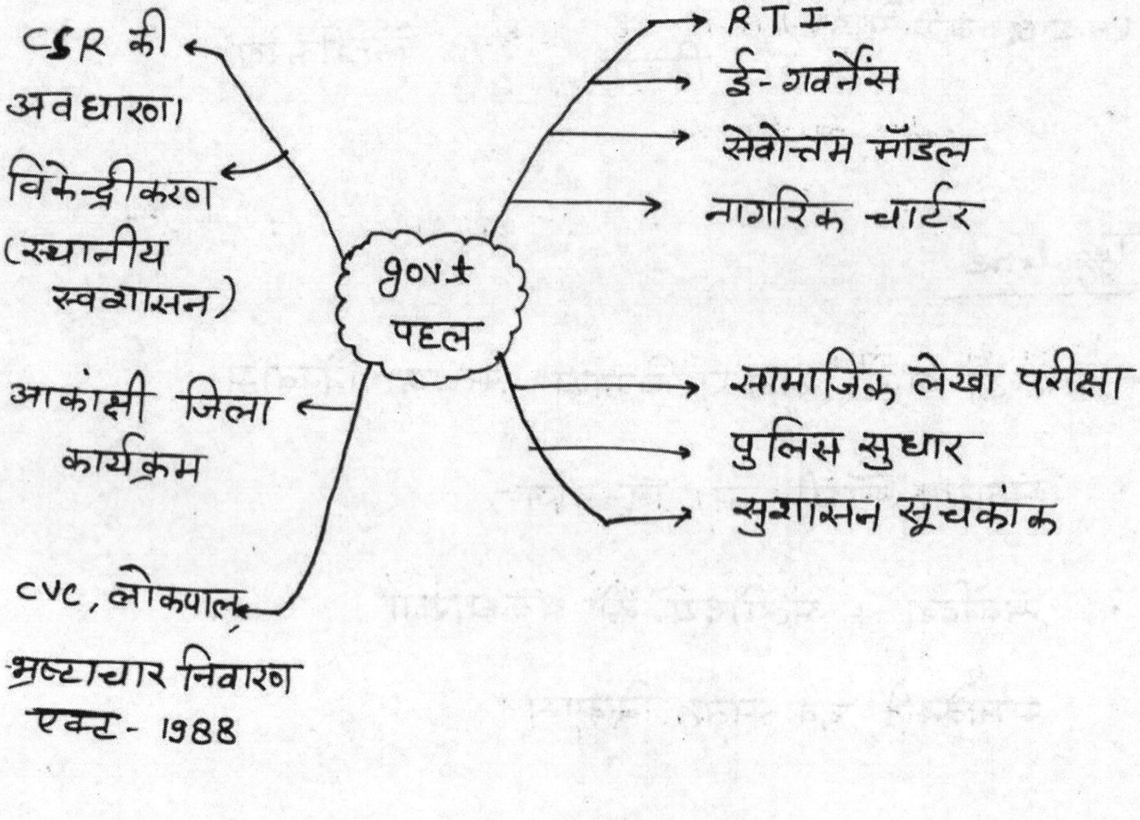

- नागरिक भागीदारी और सशक्तिकरण

My gov प्लेटफॉर्म (नागरिकों को नीतिगत चर्चाओं में भाग लेने)

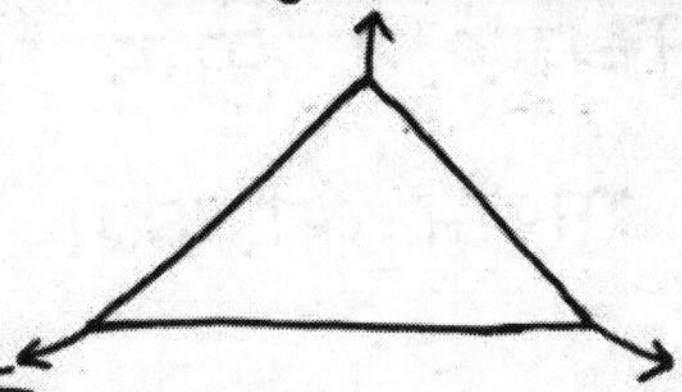

ग्राम सभाएँ (सोशल ऑडिटिंग)

RTE act 2009 ↓ समुदायों को सशक्त बनाने के लिए मुफ्त शिक्षा

- विकेन्द्रीकरण → 73 C.A. एवं 74 C.A. → आकांक्षी जिला कार्यक्रम

- शिकायत : लोकपाल, CVC, RTI
- गुड गवर्नेंस इंडेक्स
- SDG-16

- i GOT कर्मयोगी प्लेटफॉर्म
- My govt. साथी 2.0
  ↳ नागरिकों को गवर्नेंस प्रक्रिया में शामिल करना है।

भारत में शासन

→ प्रशासनिक सुधार व लोक शिकायत विभाग
Report :– "शासन की दशा"
↓
शासन को 5 आयामों में बांटा है -

1) राजनैतिक आयाम
   - → मताधिकार का use
   - → विधायिका की कार्यपद्धति
   - → राजनीतिक विकेन्द्रीकरण

2) शासन का विधिक एवं न्यायिक आयाम
   - → कानून व्यवस्था
   - → मूल अधिकारों की रक्षा
   - → न्याय और न्यायिक उत्तरदायित्व
   - → पुलिस प्रशासन

3) शासन का प्रशासनिक आयाम

4) शासन का आर्थिक आयाम

5) शासन के सामाजिक एवं पर्यावरणीय आयाम

भारत में शासन से जुड़े मुद्दे

- राजनीतिक
  - → राजनीति का अपराधिकरण
  - → राजनीतिक शक्ति का दुरुपयोग
  - → विकेन्द्रीकरण की बातें कागजों में अधिक, क्रियान्वयन में कमी

- कानूनी और न्यायिक मुद्दे
  - → विलंबित न्याय
  - → न्यायपालिका में जवाबदेही का अभाव

- प्रशासनिक मुद्दे
  - → भ्रष्टाचार
  - → पारदर्शिता और जवाबदेही का अभाव
  - → संवेदनशीलता का अभाव

- आर्थिक मुद्दे
  - → क्षेत्रीय असमानताएँ
  - → वित्तीय कुप्रबंधन

- सामाजिक एवं पर्यावरणीय मुद्दे
  - → संप्रदायवाद, क्षेत्रवाद
  - → जातिवाद
  - → असमानता
  - → लिंग भेद
  - → निर्धनता

- अन्य
  - पारदर्शिता की कमी
    - → निर्णय प्रक्रिया और फाइल नोटिंग में गोपनीयता
    - → सूचना का सीमित प्रवाह

eg) RTI Act 2005 धारा (8) 1

- जवाबदेही का अभाव

eg) CAG Reports में बार-बार वित्तीय अक्षमताएं दिखाती हैं।

- नीतियों का कमजोर क्रियान्वयन
  ↳ Last mile delivery failure

eg) राजस्थान में सरकारी योजनाओं में साइबर फ्रॉड

- नौकरशाही जड़ता → निर्णय लेने में विलंब
  ↓ → जोखिम न लेने की प्रवृत्ति
  (Red tapism) → प्रक्रियात्मक जटिलता

- समन्वय की कमी
  ↳ मंत्रालयों + केन्द्र-राज्य + केन्द्र-स्थानीय

eg) स्मार्ट सिटी मिशन में ऑवरलेपिंग

- नागरिक भागीदारी का अभाव
  → Top-down governance अप्रोच
  → Feedback system कमजोर
  → सिटीजन-चार्टर कई जगह केवल औपचारिक दस्तावेज

- भ्रष्टाचार

eg) 2G स्पेक्ट्रम, कोलगेट, PDS लीकेज

- संस्थागत कमजोरी
  ↳ स्वतंत्र संस्थाओ (CVC, लोकपाल, EC) etc पर राजनीतिक प्रभाव

- डिजिटल विभाजन → ग्रामीण - शहरी असमानता
  → डिजिटल साक्षरता की कमी

  (eg) NE में

- सामाजिक समावेशन की कमी + value based leadership का अभाव → नैतिक पतन

- संघीय मुद्दे + नीतिगत अस्थिरता
  ↓
  (eg) → GST compensation
  → गवर्नर- CM

  ↳ नई सरकारों द्वारा पुरानी योजनाओं को बंद करना

<u>सशक्त शासन के लिए</u>

Transparency + Accontability + जनसहभागिता + नैतिक प्रशासन + तकनीकी एकीकरण

विकास संबंधी योजना निर्माण में जनभागीदारी का महत्व

- कार्यान्वयन दक्षता और प्रभावशीलता में सुधार
  - → स्वीकार्यता ↑
  - → न्यायसंगत वितरण

  eg – मनरेगा (ग्रामसभा निगरानी)

- समावेशी तरीके से निर्णय लेना (सभी को शामिल करना)

  eg My govt. साथी 2.0

- आत्मनिर्भरता

  eg NRLM के तहत SHG

- कवरेज

  eg स्वच्छ भारत मिशन में सामुदायिक स्वयंसेवकों को संगठित किया

- दीर्घकालिक समाधान

  eg संयुक्त वन प्रबंधन → राज्य वन विभाग + स्थानीय समुदाय

- बेहतर परियोजना डिजाइन
  - → स्थानीय ज्ञान और आवश्यकताओं को ध्यान में रखना

⇒ नागरिक भागीदारी सुशासन में

- जवाबदेही और पारदर्शिता
  - → नागरिक फीडबैक देकर
  - → समस्याओं की रिपोर्टिंग करके
  - → कार्रवाई की मांग eg - RTI

- सेवा वितरण

  eg मोहल्ला क्लिनिकों के मूल्यांकन में सामुदायिक भागीदारी

- समावेशिता को बढावा

  eg मनरेगा, सामाजिक लेखा परीक्षा

- विश्वास निर्माण

  ↳ सरकारी संस्थाओं में लोकतांत्रिक सिद्धान्तों को मजबूती

  eg ग्राम सभाएँ

- नवाचार

  ↳ नए दृष्टिकोण, नवीन विचार, समाधान

⇒ भारत में AI के अनुप्रयोग

- नीति निर्माण में सुधार और निर्णय लेने में सहायता

  उदा.:- भारत सरकार की भाषणी Project (समावेशिता)

- डेटा संचालित नीति निर्माण
  - ↳ बड़े डेटा सेट का विश्लेषण

(eg) इंडिया अर्बन डेटा एक्सचेंज यातायात प्रबंधन और अपशिष्ट निपटान जैसी शहरी सेवाओं को अनुकूलित करने के लिए AI का use करता है।

- न्यायिक दक्षता
  - ↳ AI केस प्रबंधन को स्वचालित करने
  - ↳ परिणामों की भविष्यवाणी

(eg) SUVAS एक AI आधारित अनुवाद उपकरण है

- आपदा प्रबंधन में + कृषि में + स्वास्थ्य सेवा + शिक्षा हेतु AI

(eg) किसान e-मित्र (AI संचालित चैटबोट)
↓
कुशल सेवा वितरण में

(eg) राष्ट्रीय कीट निगरानी प्रणाली → फसलों में कीटों के संक्रमण का पता लगाने के लिए AI का use

- सार्वजनिक सेवा वितरण + दक्षता को मजबूत करना
  - ↳ Chatbot और वर्चुअल असिस्टेंट- शिकायत निवारण को सुव्यवस्थित

- कानून प्रवर्तन और आंतरिक सुरक्षा में सुधार
  - → AI पूर्वानुमानित पुलिसिंग, वास्तविक समय अपराध मानचित्रण + चेहरे की पहचान (दिल्ली पुलिस)

- जलवायु परिवर्तन और पर्यावरण प्रबंधन से निपटना
  - → AI हाइपरलोकल मौसम पूर्वानुमान, जलवायु मॉडलिंग आपदा पूर्वानुमान + वास्तविक समय पर्यावरण निगरानी
  - → AI संचालित सेंसर प्रदूषण पर नियंत्रण
  - → स्मार्ट ग्रिड

  (eg) गूगल का डीपमाइंड मौसम पूर्वानुमान

  (eg) cos it Flows

  (eg) नासा के उपग्रह डेटा पर आधारित IBM वाटसनएक्स AI का भू-स्थानिक आधार मॉडल

- वित्तीय प्रशासन और कराधान में सुधार

  (eg) Mule hunter. ai

मुद्दे :-
- कमजोर AI नियमन और नीतिगत खामियाँ
- डिजिटल विभाजन
- डीपफेक और गलत सूचना

- गोपनीयता का उल्लंघन
- एल्गोरिदम संबंधी पूर्वाग्रह और भेदभावपूर्ण परिणाम
- साइबर सुरक्षा कमजोरियाँ और AI संचालित हमले
- विदेशी AI प्रौद्योगिकियों पर निर्भरता
- AI प्रेरित पर्यावरण चिंताएँ

  (AI डेटा सेंटर —शीतलन→ बिजली + जल की माँग ↑)
- नौकरी विस्थापन और श्रम बाजार पर प्रभाव

  WEF - 2025 तक 75 M नौकरियाँ AI खत्म कर सकती हैं।

आगे की राह

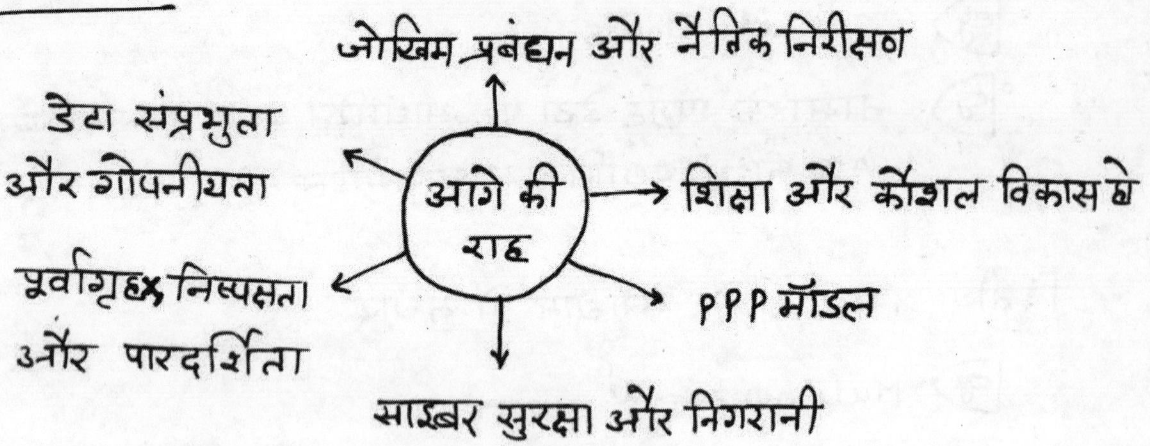

AI के लिए govt. पहल

- AI के लिए राष्ट्रीय रणनीति

  (नीति आयोग की # AI for All)
- भारत AI कार्यक्रम

- डिजिटल व्यक्तिगत डेटा संरक्षण एक्ट
- AI पर वैश्विक साझेदारी
- Int सहयोग
  - ↳ India- अमेरिका AI पहल

⇒ संस्थागत गुणवत्ता के मुख्य आयाम

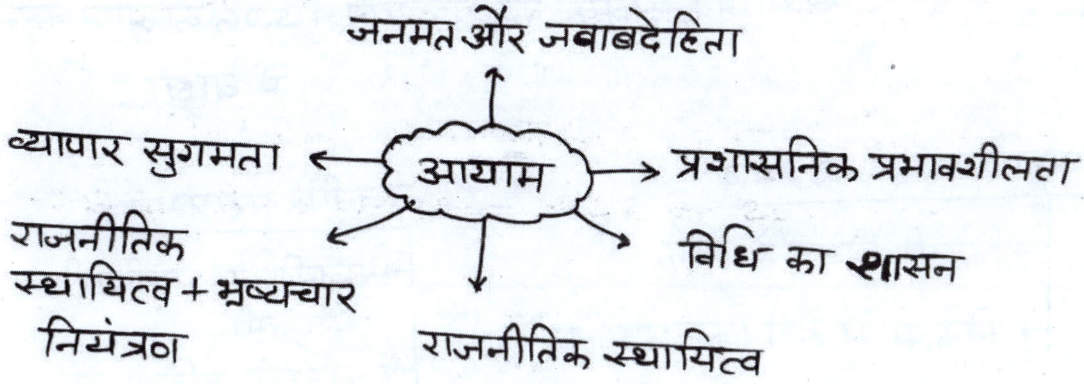

भ्रष्टाचार

"भ्रष्टाचार एक बीमारी है तो पारदर्शिता इसका इलाज है।"

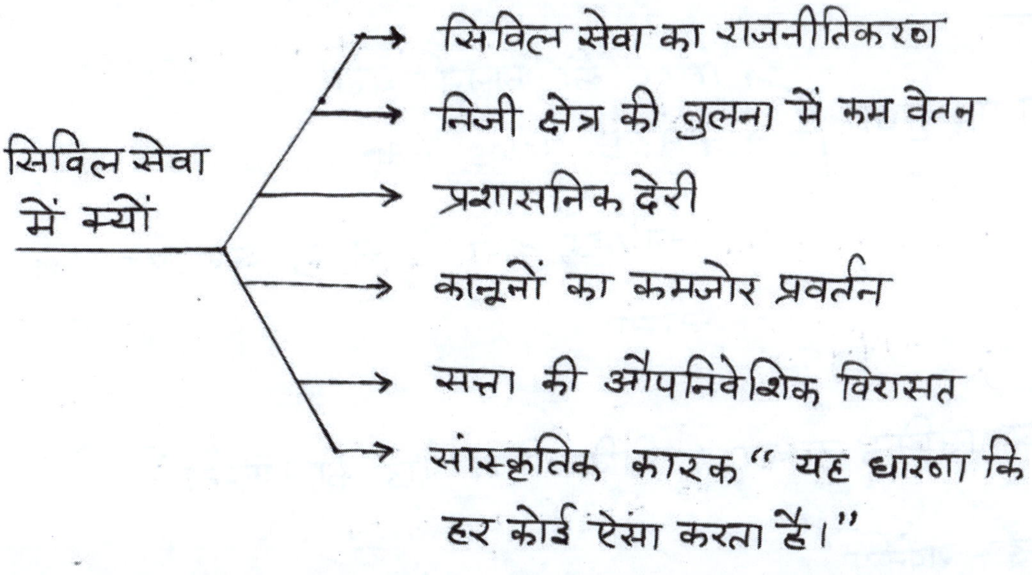

प्रभाव
- सेवाओं की गुणवत्ता में कमी PDS घोटाला
- उचित न्याय का अभाव
- खराब स्वास्थ्य और स्वच्छता
  - स्वच्छ पेयजल नहीं
  - मिलावट
- प्रशासकों के प्रति सम्मान में कमी
- सरकार के प्रति विश्वास में कमी
- सामाजिक क्षेत्रक को नुकसान → SDG को प्राप्त करने में बाधा

अर्थव्यवस्था पर प्रभाव
- विदेशी निवेश में कमी
- विकास में देरी (करदाताओं का पैसा)
- आर्थिक विकास में कमी
- 2G स्पेक्ट्रम घोटाला (दूरसंचार क्षेत्र ↓)

राजनीति पर प्रभाव
- राजनीतिक भागीदारी में कमी
- चुनावी प्रक्रिया में विकृति
- विकल्प सीमित

सुधार :-

- चुनाव सुधार
  - MCC को कानूनी बल
  - FAKE News BAN
  - राजनीतिक दलों के समग्र व्यय पर सीमा
- प्रशासनिक सुधार (सिविल सेवा बोर्ड की स्थापना)
- ई- गवर्नेंस

- आर्थिक सुधार
  - → कॉरपोरेट गवर्नेंस
  - → SEBI की भूमिका

- सामाजिक क्षेत्र में सुधार (प्रकाश सिंह केस, रिबेरो कमेटी)

- न्यायालयों में सुधार

- मीडिया को सक्षम

<u>Govt. पहल</u>
- → लोकपाल एवं लोकायुक्त Act 2013, CVC
- → भ्रष्टाचार निवारण Act 1988
- → PMLA 2002, FCRA 2010, BNS

<u>Example + case study + model</u>

- कोलगेट घोटाला
  - ↳ विकृत बाजार की गतिशीलता
  - ↳ कोयला खदानों का अनुचित आवंटन

- 2G घोटाला
- PNB घोटाला
- हर्षद मेहता SCAM 1992
- कैश For जस्टिस घोटाला
  - ↳ न्याय और कानून के शासन को समाप्त

- व्यापम घोटाला
  - ↳ MP में शैक्षणिक भ्रष्टाचार का पर्दाफाश

- शनमंगुन मंजुनाथ
  - ↳ मिलावटी ईंधन का पर्दाफाश करने पर हत्या

- एन. एन. बोहरा (IAS)
  - ↳ देश में अपराध और राजनीतिज्ञों के बीच बने गठजोड़ की जाँच

- टी. एन. शेषन
  - → मतदाता पहचान पत्र
  - → राजनीतिक दलों के खर्च पर अंकुश लगाना

- नोलन समिति

- II ARC की सिफारिश
  - → भ्रष्टाचार विरोधी उपायों को मजबूत
    - → CVC
    - → CBI
    - → व्हीसल ब्लोअर Act-2014
  - → पुलिस सुधार
  - → नैतिक शासन को बढ़ावा
  - → जनजागरूकता अभियान
    - → मीडिया
    - → शिक्षा
  - → संसदीय समितियों की भूमिका
  - → ई-गवर्नेंस, डिजिटलीकरण

- तमिलनाडु की ट्रेजरी कम्प्यूटरीकरण परियोजना
  - ↳ वित्तीय सत्यनिष्ठा को बढ़ावा
- सार्वजनिक खरीद प्रणालियों को मजबूत करना
  - ↳ महाराष्ट्र की ई-ट्रेडरिंग प्रणाली
- ई-गवर्नेंस पहल को लागू (आंध्रप्रदेश मॉडल)
  - ↳ ई-सेवा
  - ↳ सरकारी लेन-देन online
- Rule based to value based governance की ओर बढ़ना
- Transparency + technology + trust ≡ Anti corruption Trinity
- Anti corruption Index तैयार हर विभाग के लिए
- Integrity score card (सिंगापुर मॉडल)
- Reward honest officers

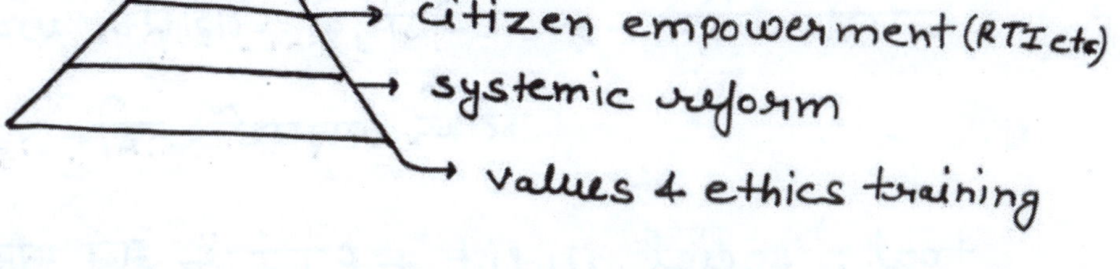

आगे की राह भ्रष्टाचार (extra)

- जवाबदेही को प्रणाली का हिस्सा बनाना
  - → Responsibility matrix तैयार की जाए (who did what and why)
  - → System को ऐसा डिजाइन किया जाए कि हर निर्णय traceble और accountable हो
  - → digital file movement system
    हर file का online trial
  - → हर अधिकारी का Integrity Index

- नैतिकता को बढावा देना
  - → फिनलैंड के Value education model की तरह civil services में "Integrity LAB" हो

(eg) S.R. शंकरन People IAS officer

- भ्रष्टाचार पर डिजिटल प्रहार
  - → Blochain + AI - based Audit + DBT

- जनसहभागिता → गवर्नेंस में नागरिक watch dog बने सिर्फ लाभार्थी नहीं

toal : social audit + RTI + जन सूचना Portal

(eg) राजस्थान MKSS movement
↳ सोशल ऑडिट से मनरेगा में पारदर्शिता

- कानूनी ढाँचा

  Lokpal + CVC + व्हिसलब्लोअर Act

- <u>3E Model</u>

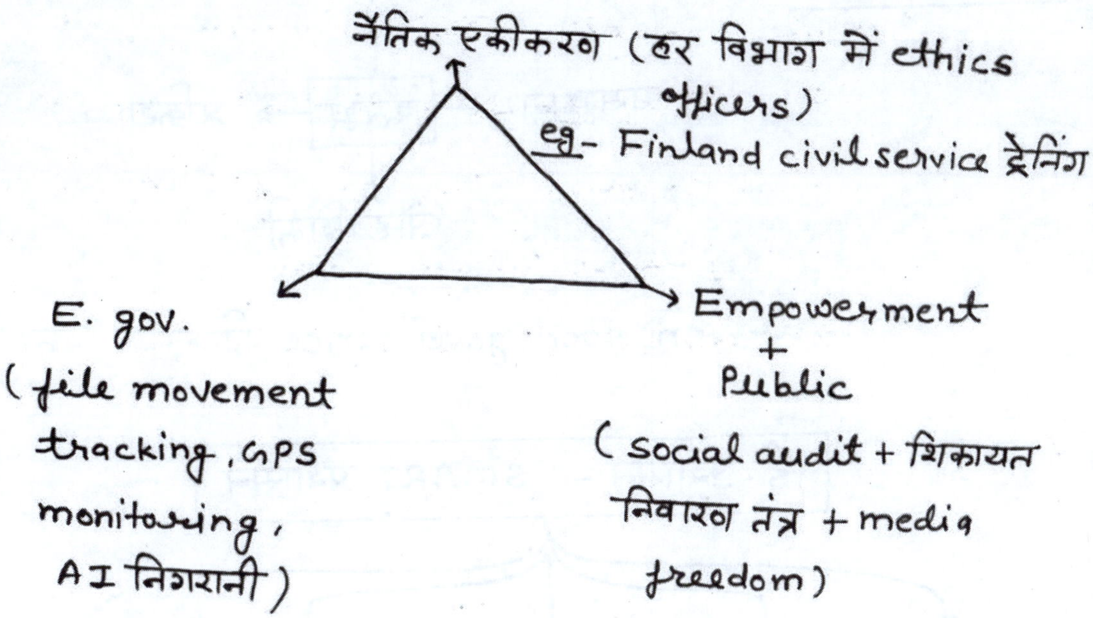

⇒ <u>ESG फ्रेमवर्क</u>

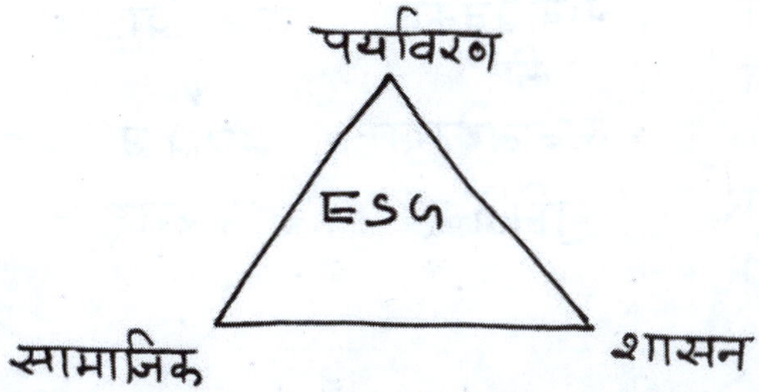

2 E - Governance (ई - गवर्नेंस)

E-gov. :- किसी देश के नागरिकों को सूचना एवं सेवाएँ प्रदान करने के लिए ICT का समन्वित प्रयोग करना।

- minimum govt. maximum governance

E-gov. के स्तंभ

स्तंभ → लोग, संसाधन, प्रक्रिया, प्रौद्योगिकी

- Tech-driven good governance की नींव रखता है।

ई-प्रशासन – SMART प्रशासन

- **Simple** (सरल) → नियमों का सरलीकरण। • दक्ष व त्वरित ऑनलाइन सेवा।
- **Moral** (नैतिक) → तकनीकी हस्तक्षेप → भ्रष्टाचार में कमी
- **Accountable** (उत्तरदायी) → लोकसेवकों की जवाबदेयता सुनिश्चित
- **Responsive** (अनुक्रियात्मक) → सेवा आपूर्ति → सरल व कारगर
- **Transparent** (पारदर्शी) → RTI

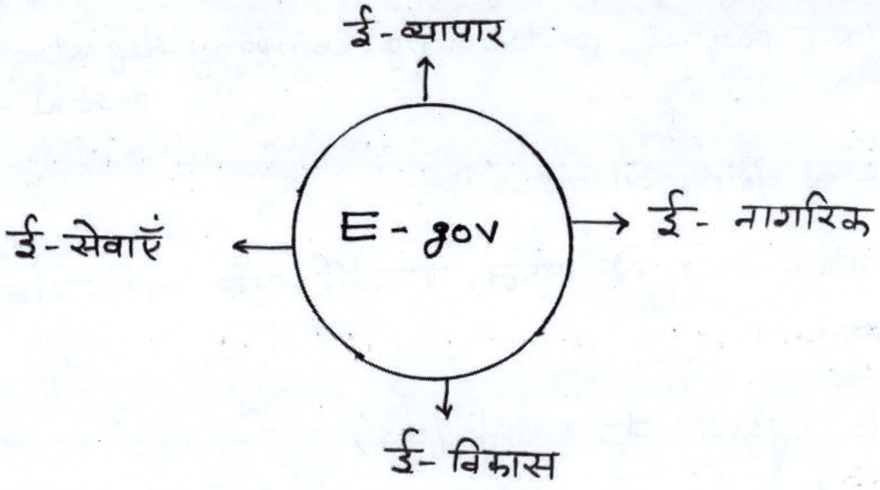

- **Models of e-governance**

1) G2C (govt. to citizen) सरकार से नागरिक तक

उद्देश्य : नागरिकों को सरकारी सेवाएँ सरल, पारदर्शी और त्वरित तरीके से प्रदान करना

eg online पासपोर्ट, आधार कार्ड, पैन कार्ड, ई- हेल्थ

2) G2G (govt to govt.) सरकार से सरकार

उद्देश्य : विभिन्न सरकारी विभागों और एजेंसियों के बीच सूचना और संसाधनों का आदान - प्रदान

eg केन्द्र व राज्य सरकार के बीच डेटा और सेवा आदान-प्रदान

NICNET + SWAN

3) G to B (govt. to business)

eg MCA 21 Project

eg GST portal, e-trading, company registration portal

↳ ease of doing business ↑

↳ व्यापारिक जगत को सरल, पारदर्शी और त्वरित सेवाएँ देना

4> G2E (govt. to employees)

उद्देश्य : सरकारी कर्मचारियों के लिए HR पेंशन, वेतन और प्रशिक्षण सेवाओं को डिजिटल बनाना

उद्देश्य :
- नागरिकों को बेहतर सेवा प्रदान करना
- पारदर्शिता और जवाबदेहिता का पालन
- लोगों को सशक्त बनाना (सूचना)
- सरकारी सेवाओं का बेहतर प्रदर्शन
- शासन का विस्तार
- बेहतर निर्णय (आँकड़ो का use)
- व्यवसाय एवं नये अवसरों का सृजन
- शासन प्रक्रिया में लोगों की भागीदारी बढाना

- ई लोकतंत्र
  ↳ राज्य के शासन में समाज के सभी वर्गों की भागीदारी सुनिश्चित करने हेतु IT का use
- online शिकायत निवारण तंत्र
- SMART गवर्नेंस

महत्व :-

- पारदर्शिता और जवाबदेही
  - ↳ भ्रष्टाचार ↓

(eg) केरल की ई-प्रोक्योरमेंट प्रणाली ने सरकारी खरीद प्रक्रियाओं को online लाकर भ्रष्टाचार को कम एवं प्रतिस्पर्धा ↑

- नागरिक केन्द्रित सेवाएँ

(eg) e-mitra - राजस्थान, बिजली, पानी, राशन भुगतान

- समावेशी और डिजिटल समेकित विकास
  - ↳ ग्रामीण और पिछड़े क्षेत्रों तक पहुँच

(eg) टेलीमेडिसन, टेलीएजुकेशन, कॉमन सर्विस सेंटर (डिजिटल सेवाओं का ग्रामीण नेटवर्क)

- दक्ष और लागत कुशल प्रशासन
  - ↳ G2E, e-HRMS
- डेटा आधारित नीति निर्माण
- सतत विकास लक्ष्यों की प्राप्ति
- सरकारी सेवाओं में तकनीकी विकास एवं नवाचार

(eg) उमंग APP, डिजिलॉकर

- सरकारी विभागों में समन्वय
  - ↳ डेटा और सूचना का आदान- प्रदान
  - (eg) NICNET (G2G)
- online शिकायत प्रबंधन + प्रशासनिक निर्णयों में तेजी
  - (eg) CPGRAMS
- कर और राजस्व संग्रह में सुधार
  - ↳ डिजिटल टैक्स सिस्टम से लीकेज कम होता है।
  - (eg) GSTN Portal
- स्वास्थ्य + शिक्षा + स्मार्ट सिटी एवं अवसंरचना
  - स्वास्थ्य ↓ डिजिटल हेल्थ रिकोर्ड (e-संजीवनी)
  - शिक्षा ↓ दिशा पोर्टल (ई-लर्निंग)
  - स्मार्ट सिटी एवं अवसंरचना
    - → ट्रैफिक प्रबंधन
    - → waste management
    - → डिजिटल निगरानी
- कानूनी और न्यायिक सेवाओं में सुधार + वित्तीय समावेशन
  - कानूनी और न्यायिक सेवाओं में सुधार ↓
    - e कोर्ट प्रोजेक्ट
    - case tracking
    - online filling केस
    - e- FIR
  - वित्तीय समावेशन ↓ DBT + जनधन योजना + UPI
- पर्यावरण निगरानी
  - ↳ डेटा आधारित प्रदूषण निगरानी – उदा. ENVIS

- नागरिक भागीदारी और feedback

  eg) My gov portal

- भविष्य निर्माण

  ↳ AI + Bigdata + IOT के साथ next generation governance तैयार करना

चुनौतियाँ – डिजिटल विभाजन

↳ ग्रामीण और पिछड़े इलाकों में इंटरनेट और ICT संसाधनों की कमी

- अपर्याप्त डिजिटल साक्षरता + निम्न IT साक्षरता

  ↳ नागरिक और कर्मचारी दोनों में ICT कौशल की कमी

- अपर्याप्त ICT बुनियादी ढाँचा

  ↳ सर्वर + नेटवर्क + High speed इंटरनेट की कमी

- साइबर सुरक्षा और डेटा संरक्षण + गोपनीयता

  ↳ नागरिकों के संवेदनशील डेटा चोरी या misuse का खतरा

- भ्रष्टाचार और प्रशासनिक प्रतिरोध

  ↳ पुराने ऑफिसर तथा कर्मचारियों में तकनीक अपनाने की हिचकिचाहट

  ↳ परिवर्तन का प्रतिरोध

- जागरूकता की कमी + भाषाई और सांस्कृतिक बाधाएँ + नागरिक विश्वास की कमी
- तेजी से बदलती तकनीक + विभिन्न सरकारी विभागों में समन्वय की कमी (डाटा शेयरिंग etc.)
- कानूनी और नीति संबंधी बाधाएँ
  ↳ e-sign, data protection के लिए पर्याप्त कानून और नियम न होना।
- ऊर्जा संबंधी समस्याएँ + मानव संसाधन की कमी
- इलेक्ट्रॉनिक उपकरणों का रखरखाव + e-अपशिष्ट
- सेवा की गुणवत्ता + वित्तीय बाधाएँ (सर्वर डाउन)

<u>आगे की राह :-</u>

- डिजिटल साक्षरता और क्षमता निर्माण
  ↳ सरकारी नागरिकों + कर्मचारियों के लिए
- ICT बुनियादी ढाँचे का सुदृढीकरण
  ↳ High speed broadband, cloudservice, server और डेटा सेंटर का विकास

(eg) भारत नेट प्रोजेक्ट

- साइबर सुरक्षा और डेटा संरक्षण

  eg) व्यक्तिगत डेटा संरक्षण कानून 2023

  CERT-IN

- कानून और नीति सुधार
  ↳ IT act 2000

- सरकारी विभागों के बीच समन्वय
  ↳ डेटा-sharing और Integrated-e-गवर्नेंस ↑

  eg) NICNET

- नवाचार और तकनीकी अपनाना
  ↳ AI, Bigdata, Blockchain, IOT का use सरकारी प्रक्रियाओं में

- E-waste मैनेजमेंट → EPR
  → waste गवर्नेंस ↑

- PPP मॉडल

- डेटा स्थानीयकरण + mobile प्रथम सेवाएँ
  (स्मार्टफोन के माध्यम से नागरिकों के लिए सुविधाजनक सेवाएँ)

  eg) उमंग App

- डिजिटल प्लेटफॉर्म का डिजास्टर प्रूफ डिजाइन

- सतत और हरित ई-गवर्नेंस
- समावेशिता + सुलभता + वास्तविक समय निगरानी और प्रतिक्रिया

  (eg) डिजिटल इंडिया, ई- गवर्नेंस डेशबोर्ड

Example :- भूमि प्रोजेक्ट (कर्नाटक)

- ई. कोर्ट
- ई. जिला
- 6 MCA21
- ई- office
- ग्रामसंवाद APP, DBT, E-LABH

  ↳ पशुपालन सब्सिडी

- दिशा पोर्टल
- E- हेल्थ प्रोजेक्ट (केरल govt.)
- E NAM, GEM, डिजिलॉकर, My gov In
- हैदराबाद घोषणा, NCeG 2021 - Meity
- ई- ग्राम स्वराज Portal

  ↳ पंचायतों में डिजिटलीकरण को सुदृढीकरण करने के लिए।

↳ online ऑडिट, उस application को ग्राम पंचायत विकास योजनाओं के कार्यों की प्रभावी निगरानी और मूल्यांकन की सुविधा सौंपी गई है।

- PFMS - सार्वजनिक वित्तीय प्रबंधन प्रणाली
- एम्प्लाई कॉर्नर App
  - ↳ छत्तीसगढ़
  - ↳ अब राज्य के लगभग 4 लाख शासकीय कर्मचारियों की सेवा की जानकारी को mobile App और web portal के माध्यम से अपडेट किया जा सकेगा।

eg.

राष्ट्रीय	• मिशन कर्मयोगी • CPGRAMS • प्रगति पोर्टल • e-NAM • JAM ट्रिनिटी
राज्य	• E-सेवा आंध्रप्रदेश, FRIENDS (केरल का Portal) • खजाने - कर्नाटक
जिला	• Solan हिमाचल • नागौर में सिलिकोसिस को ट्रेक करने के लिए website
गाँव / स्थानीय	रोहिणी village ↳ first paperless village

- 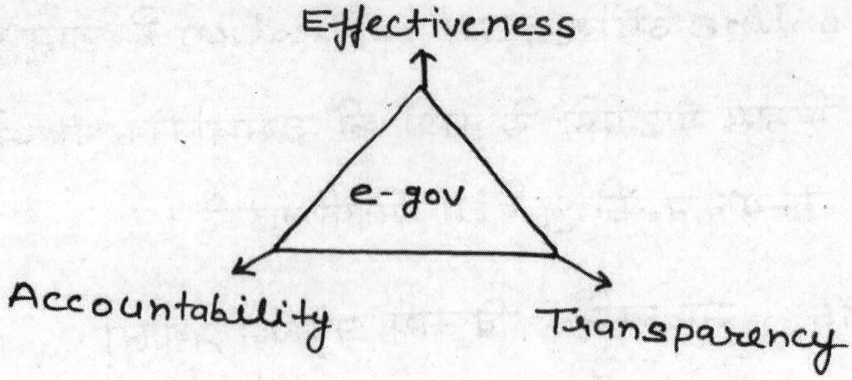

- ई- क्रांति
  - ↳ डिजिटल इंडिया का महत्वपूर्ण स्तंभ
  - vision ↳ शासन में बदलाव के लिए ई- गवर्नेंस में बदलाव

- ई- खरीद प्रोजेक्ट
  - ↳ गुजरात
  - ↳ व्यापार करने में लगने वाले समय एवं लागत को कम करने

- स्विफ्ट पहल
  - ↳ व्यापार करने में आसानी
  - ↳ केन्द्रीय उत्पाद एवं सीमा शुल्क बोर्ड ने

- कर्नाटक की खजाने परियोजना
  - ↳ राज्य सरकार की संपूर्ण राजकोष संबंधी गतिविधियों का कम्प्यूटरीकरण हो गया।

- केरल में परियोजना FRIENDS
  - → सेवाओं के वितरण के लिए तीव्र विश्वसनीय त्वरित व कुशल नेटवर्क
- उत्तरप्रदेश में लोकवाणी प्रोजेक्ट
  - → शिकायतों का निपटान, भूमि अभिलेखों का रखरखाव
- ज्ञानदूत (MP)
  - → इंटरनेट आधारित सेवा

प्रशासन ← (ज्ञानदूत) → लोगो

भारत का डिजिटल अवसंरचना परिदृश्य

- आधार → विश्व का सबसे बड़ा डिजिटल पहचान कार्यक्रम
  138.34 Cr अधिक आधार संख्याएँ
- UPI → 2024 तक 24100 Cr वित्तीय लेन-देन
- डिजिलॉकर → 37 Cr से अधिक उपयोगकर्त्ता
- DIKSHA → विश्व का सबसे बड़ा शिक्षा मंच
- राष्ट्रीय ज्ञान नेटवर्क : राष्ट्रीय और राज्य डेटा केन्द्रों को जोड़ता है।
  - ↙ संसाधन साझाकरण
  - ↘ सहयोगी अनुसंधान

- GEM → सरकारी खरीद को सुलभ
- UMANG → सरकारी सेवाएँ प्रदान
- Co-WIN और आरोग्य सेतु
  ↳ टीकाकरण ट्रेकिंग और कॉन्टैक्ट ट्रेसिंग के जरिए स्वास्थ्य सेवाओं में क्रांतिकारी परिवर्तन
- ई-संजीवनी और ई-हॉस्पिटल
  ↳ टेलीमेडिसन और अस्पताल प्रबंधन
- पोषण ट्रेकर और e-office (डिजिटल govt. system)
  ↳ पोषण निगरानी को बेहतर
- मेरी पहचान
  ↳ सरकारी सेवाओं तक निर्बाध पहुँच के लिए single line on प्लेटफॉर्म
- API सेतु
  ↳ डेटा Exchange की सुविधा
- मेघराज (GI cloud)
- ई-चौपाल → बीज-उर्वरक जानकारी
  → बाजार भाव (किसान)

प्रभाव

- समावेशिता (कॉमन सर्विस सेंटर, ई-सेवाओं तक ग्रामीण पहुँच बढाते हैं)
- आर्थिक विकास (UPI, डेटा केन्द्र)
- कुशल शासन (डिजिलॉकर, उमंग, मेघराज)
  - उमंग → 1600+ सरकारी सेवाएँ एक APP पर
- वैश्विक नेतृत्व (इंडिया स्टैक)
- सामाजिक प्रभाव
  - शिक्षा (दीक्षा मंच)
  - स्वास्थ्य (Co-Win E-संजीवनी)

II ARC सिफारिशे

- जागरूकता
- PPP Model
- महत्वपूर्ण सूचना अवसंरचना परिसंपत्ति की सुरक्षा करना
- निगरानी और मूल्यांकन

3 नागरिक चार्टर / घोषणा पत्र

सिटीजन चार्टर (नागरिक घोषणा)

- एक सरकारी संस्थान द्वारा नागरिको/ग्राहक समूहों को प्रदत्त की जा रही सेवाओं/और योजनाओं के संबंध में स्वैच्छिक प्रतिबद्धताओं का एक दस्तावेज है।
- यह अवधारणा किसी संगठन के कार्यों में पारदर्शिता, संवेदनशीलता, कार्यकुशलता एवं जन संतुष्टि पर बल देती है।

उद्देश्य : सार्वजनिक सेवाओं की गुणवत्ता में सुधार लाना है

↳ सेवा वितरण में सुधार और उनकी गुणवत्ता में सुधार करना है

नागरिक → (जुड़ाव) ← प्रशासन

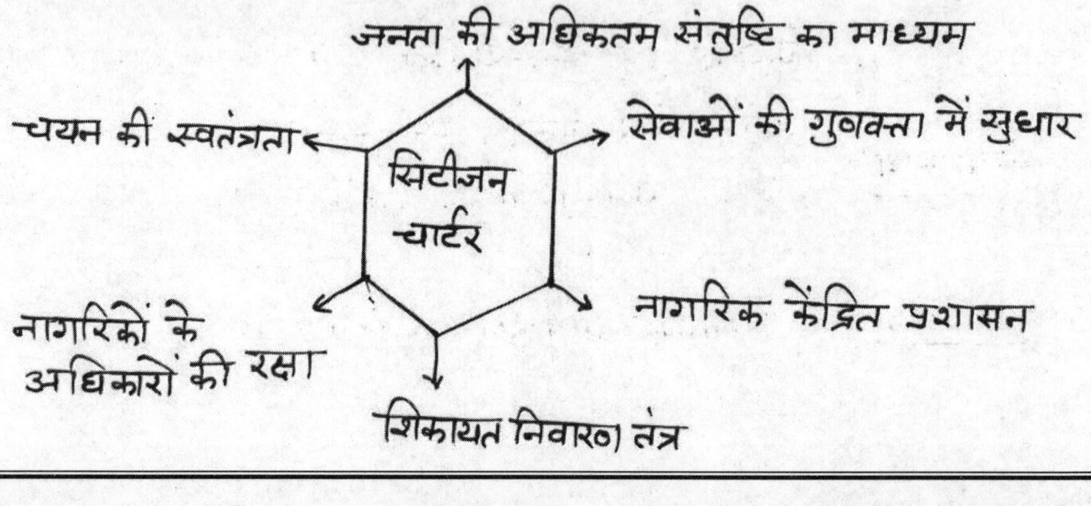

- सुशासन + नैतिक शासन ↑ , सरकार की विश्वसनीयता ↑
- प्रकृति में नागरिक केन्द्रित है।

इसके भाग

प्रारंभिक भाग

उपयोगिता
- → संगठन की कार्यप्रणाली में पारदर्शिता तथा जवाबदेही लाना (कौनसी सेवा कब, कैसे मिलेगी और किस अधिकारी की जिम्मेदारी है)
- → भ्रष्टाचार पर अंकुश
- → कार्य निष्पादन में सुधार
- → प्राप्त होने वाले सुझावों का विश्लेषण
- → सरकार और नागरिकों के बीच विश्वास

तीसरा भाग :- उस संगठन के कार्य क्षेत्र, लक्षित वर्ग आदि का वर्णन होता है, जिससे ज्ञात होता है कि नागरिक घोषणा पत्र किन सेवाओं व वर्गों के लिए है।

चौथा भाग :- संगठन की सेवाएँ प्राप्त करने वाले आमजनों के क्या अधिकार हैं।

पाँचवा भाग :- प्रशासन की कौनसी शाखा किस कार्य को निष्पादित करती है एवं उस शाखा से संबंधित सभी कार्यों को पूरा करने हेतु समयावधि निश्चित कर दी जाती है

<u>अंतिम भाग</u> :- यदि शासन / प्रशासन के किसी स्तर पर कोई कमी नियत अवधि में संपन्न न हो पाए तो उस स्थिति में आमजन की शिकायत का क्या स्थान हो ?

⇒ नागरिक घोषणा पत्र में निम्नांकित बातों के शामिल होने की अपेक्षा की जाती है :-

→ दृष्टिकोण का मिशन वक्तव्य
→ संगठन के द्वारा कार्यवाही एवं व्यवसाय का ब्यौरा
→ ग्राहक / उपभोक्ता का विवरण
→ प्रत्येक ग्राहक समूह को उपलब्ध कराई जाने वाली सेवाओं का वितरण
→ शिकायत निवारण तंत्र तथा इस तक पहुँच का विवरण

⇒ सिटीजन चार्टर के उद्देश्यों को प्रभावी रूप से प्राप्त करने में बाधाएँ –

- भ्रष्टाचार → निष्पादन
  → निष्पक्षता
  → सेवाओं के मानदंड पर
- सिविल सेवकों में परंपरागत शासक वर्ग की मानसिकता उचित रूप से नहीं बदली जा सकी है।
- बजट, वित्त की कमी

- अपरिभाषित वितरण मानक (eg) पुलिस
- स्वीकार्यता का अभाव → (कई कार्यालयों में)
- प्रवर्तन में रुचि कम
- परामर्श का अभाव
- जनजागरूकता का अभाव
- चार्टर को कानूनी समर्थन का अभाव
  - ↳ 2011 में बिल पेश
- समीक्षा का अभाव
- चार्टरों को स्थानीय भाषाओं में तैयार नहीं किया गया।
- खराब क्रियान्वयन
  - ↳ दिल्ली नगर निगम के नागरिक-चार्टर में मजबूत निगरानी और मूल्यांकन प्रणाली का अभाव है।
- अपडेट नहीं
  - ↳ सामान्य चार्टर
  - ↳ डाक विभाग के चार्टर की आलोचना

⇒ <u>सिटीजन चार्टर को प्रभावी बनाने हेतु आवश्यक सुधार</u>

- व्यापक परामर्श प्रक्रिया हो
- सिटीजन चार्टर का आवधिक मूल्यांकन हो

- सिविल सोसायटी को इस प्रक्रिया में शामिल करना
- विकेन्द्रीकरण
- प्रभावी निगरानी
- स्पष्टता और सटीकता
- सिटीजन चार्टर, RTI और जनसंपर्क के मुद्दों पर प्रशिक्षण व जागरूकता बढ़ाई जाए
- पदसोपानिक दृढ़ता को कम किया जाए
- टीम कार्य संस्कृति को बढ़ावा
- पाठ्यक्रमों में शामिल → प्रारंभिक
  → माध्यमिक

डिजाइन से संबंधी चुनौतियाँ

चुनौतियाँ
- → कठिन भाषा का use
- → अपडेट का अभाव
- → सहभागी तंत्र का अभाव
- → सभी के लिए एक जैसा
- → एक आकार सभी के लिए उपयुक्त दृष्टिकोण
- → अवास्तविक होना
- → अधिक प्रतिबद्धताएं लेना, जल्दीबाजी करना

Example + Model + case study + DATA + Report

- Window of hope (दिव्यांग)
  - ↳ उम्मीद की खिड़की
  - ↳ मयूरभंज
- केरल : स्थानीय स्वशासन संस्थानो के लिए सार्वजनिक परामर्श आवश्यक
- यात्री संतुष्टी सर्वेक्षण
  - ↳ भारतीय रेलवे फीडबैक
- नियमित समीक्षा
  - ↳ MH (महाराष्ट्र) लोकसेवा Act 2015
- राष्ट्रीय स्वास्थ्य मिशन
  - ↳ सीमित भागीदारी
- डाक विभाग के नागरिक चार्टर की आलोचना
  - ↳ अपडेट नहीं
- पासपोर्ट सेवा केन्द्रों में सेवा वितरण में सुधार हुआ है।
- भारतीय रेलवे के नागरिक चार्टर को नौकरशाही प्रतिरोध के कार्यान्वयन में चुनौतियों का सामना करना पड़ता है।
- दिल्ली नगर निगम के नागरिक चार्टर में मजबूत निगरानी और मूल्यांकन प्रणाली नहीं है।

- दिल्ली नगर निगम के नागरिक चार्टर में मजबूत निगरानी और मूल्यांकन प्रणाली नहीं है।
- 2015 में सेंटर फॉर गुड गवर्नेंस
  ↳ केवल 40% नागरिकों को ऐसे चार्टरों के बारे में पता था।

Model

- जन सेवा केन्द्र (अहमदाबाद)
  ↳ जिसने नागरिक घोषणा पत्र और जन सेवा केन्द्रों का use करके बेहतर सेवा वितरण के लिए प्रक्रियाओं को पुन: संचालित करने का सफल प्रयास किया है।
- सेवोत्तम सेवा वितरण उत्कृष्टता मॉडल (DARPG)
  ↳ एक मूल्यांकन सुधार मॉडल है।

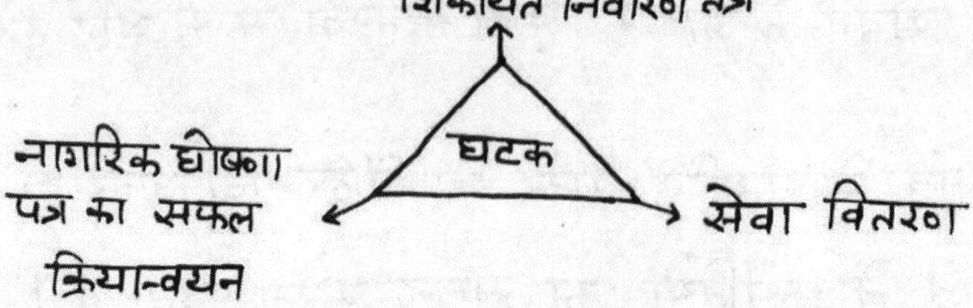

IInd ARC Report

- निर्माण के प्रत्येक चरण में नागरिकों और कर्मचारियों के परामर्श की आवश्यकता
- Data base
- व्यापक प्रचार
- विशिष्ट बजट
- निवारण तंत्र
- स्पष्ट प्रतिबद्धताएं

नागरिक केंद्रितता के लिए ARC का सात-चरण मॉडल

↳ United kingdom के ग्राहक सेवा उत्कृष्टता मॉडल से लिया गया।

- सेवाओं को परिभाषित
- मानक एवं मानदंड निर्धारित
- क्षमता विकसित
- क्रियान्वयन (मानकों को प्राप्त)
- प्रदर्शन की निगरानी
- मूल्यांकन
- सुधार करना

4 पारदर्शिता एवं जवाबदेही

पारदर्शिता

- "पारदर्शिता का अर्थ है, खुलापन, सूचना की आसानी से प्राप्ति व उत्तरदायित्व"
- सरकार के निर्णय, नीतियाँ, प्रक्रियाएँ और व्यय की जानकारी नागरिकों, मीडिया और हितधारकों के लिए आसानी से उपलब्ध और सुगम हों।

शासन में पारदर्शिता के संस्थागत उपाय

- संसदीय नियंत्रण → प्रश्न पूछना, बहस, वाद-विवाद
- जागरूक नागरिक समाज

- व्यवस्थापिका ढांचा → RTI, समय पर वस्तु व सेवा डिलीवरी
- लोकपाल व लोकायुक्त
- स्वतंत्र न्यायपालिका व मीडिया
- ई गवर्नेंस → सेवोत्तम मॉडल
- मिशन कर्मयोगी

जवाबदेही

- जवाबदेही का अर्थ है कि जिस व्यक्ति के पास विवेकाधीन शक्ति है, उस पर यह बाध्यता होनी चाहिए कि अपने कार्यों का स्पष्टीकरण दे तथा किसी विशेष परिस्थिति में निर्णय किस प्रकार लिया गया है।

"व्यक्ति या संगठन के प्रदर्शन व व्यवहार के लिए जिम्मेदारी की गारंटी ही जवाबदेयता है।"

eg (1) मनरेगा में जवाबदेही सुनिश्चित करने हेतु जियो टैगिंग का प्रावधान

(2) भारतीय रेलवे द्वारा ट्विटर (x) के माध्यम से ऑनलाइन शिकायत व्यवस्था

जवाबदेयता के आधार

- निर्णय संविधान व कानून के अनुसार
- तार्किकता
- नैतिक संहिता व नैतिक आचरण का पालन
- सर्वश्रेष्ठ निर्णय
- तथ्यों का प्रकटीकरण

प्रकार
- उर्ध्वाधर (उच्च पद)
- क्षैतिज (समकक्ष)

प्रकार
- राजनीतिक (सरकार का संसद के प्रति)
- विधिक (संविधान व कानून के प्रति)

उत्तरदायित्व सुनिश्चित करने के उपाय

- CAG
- सिटीजन चार्टर
- सूचना का अधिकार
- ई गवर्नेंस
- मीडिया
- लोकपाल / लोकायुक्त
- लोक-अदालत
- भ्रष्टाचार संबंधी कानून
- व्हीसल ब्लोअर कानून
- न्यायालय

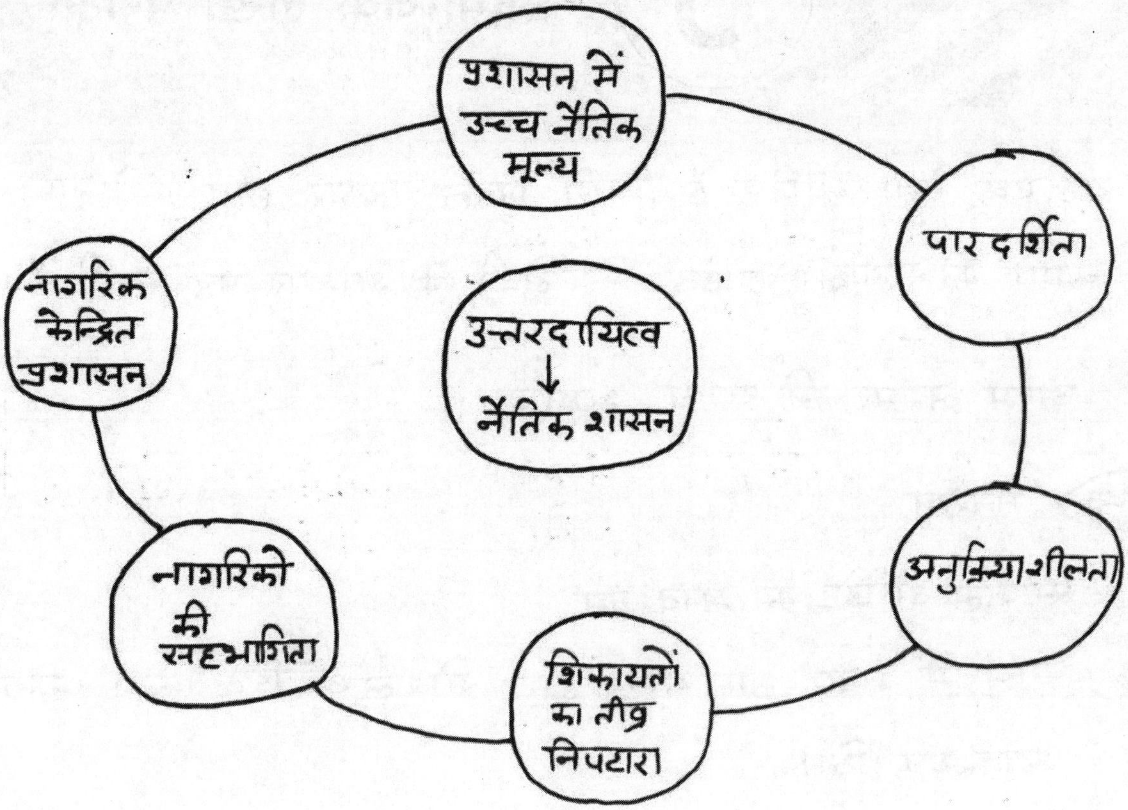
प्रशासन में उच्च नैतिक मूल्य
पार दर्शिता
अनुक्रियाशीलता
शिकायतों का तीव्र निपटारा
नागरिको की सहभागिता
नागरिक केन्द्रित प्रशासन
उत्तरदायित्व
नैतिक शासन

5 सामाजिक लेखा परीक्षा

- यह एक ऐसा ऑडिट है जिसमें जनता सरकार द्वारा किये गए कार्यों की समीक्षा ग्राउंड रियलिटी के आधार पर करती है।

- आम जनता की सीधे भागीदारी

eg) मनरेगा

सोशल ऑडिट का प्रावधान

साल में 2 बार ग्राम सभा द्वारा सोशल ऑडिट किया जाना आवश्यक है।

उद्देश्य

- व्यवस्था की जवाबदेही सुनिश्चित करना
- क्रियान्वयन पर नजर योजनाओं के
- जनसामान्य को उनके अधिकारों एवं हक के बारे में जागरूक करना
- जनसहभागिता बढाना
- कार्य व निर्णय प्रक्रिया में पारदर्शिता लाना

- पारदर्शिता + जवाबदेही + नागरिक सशक्तिकरण + जनसहभागी लोकतंत्र

- जितना आवश्यक नीतियों का निर्माण करना है, उतना ही जरूरी अब तक हुई प्रगति का आंकलन करना भी है।

- कागजों पर दिखने वाले विकास और वास्तविक धरातल पर होने वाले विकास के बीच खाई पाटने का सोशल ऑडिट अचूक हथियार है।

- SDG-16

घटक →
- → good गवर्नेंस
- → सामाजिक न्याय
- → नैतिक प्रशासन

- Citizen driven governance का उपकरण

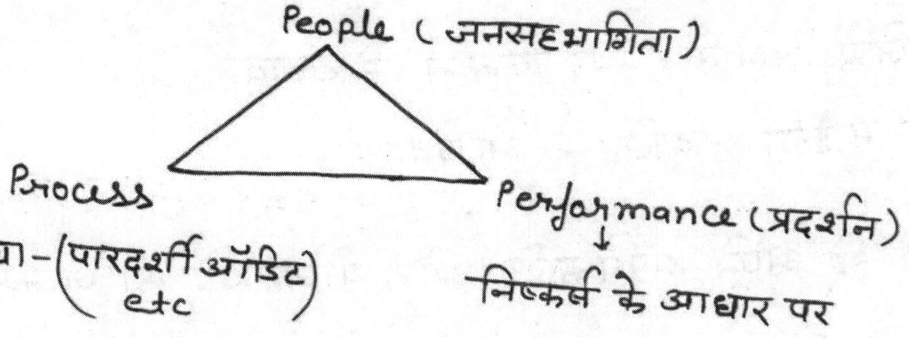

→ **सोशल ऑडिट की आवश्यकता क्यों ?**

- पारदर्शिता + जवाबदेही को बढावा
  - ↳ सरकारी खर्च की सार्वजनिक समीक्षा भ्रष्टाचार घटाती है।

(eg) आंध्रप्रदेश की State social Audit Authority ने मनरेगा में लाखों रुपये के फर्जी भुगतान का खुलासा किया

- आमजन की भागीदारी + नागरिक सशक्तिकरण
  - ↳ नागरिक नीति-निर्माण और क्रियान्वयन का हिस्सा बनते हैं

- सरकार एवं नागरिकों के बीच विश्वास सेतु का कार्य

- समावेशी विकास ↑ + लीकेज में कमी
  - ↳ लाभ वास्तविक पात्रों तक पहुँचाना.
  - ↳ मनरेगा, PDS, मिड-डे मिल योजनाओं में सोशल ऑडिट

- सामाजिक प्रभाव + विकास को बढावा
  - ↳ महिला + दलित + आदिवासी

- लोगों को अपने अधिकारों और योजनाओं की जानकारी मिलती है।

- लोकतंत्र को मजबूत करना + संसाधनों का अनुकूलतम उपयोग

- SDG की प्राप्ति-16

- प्रशासन के मानको एवं स्तरों में वृद्धि + सुशासन में सहायक

- Feedback Mechanism → नीति निर्माण में सुधार

- Bottom-up accountability ↑
- सेवा वितरण में सुधार
  - ↳ योजनाओं की गुणवत्ता और प्रभाव का मूल्यांकन करने से delivery mechanism सुधरता है।
- नैतिक शासन + सुशासन को बढ़ावा + प्रशासनिक सुधार का उपकरण
  - नैतिक शासन ↓ Value based governance ↑
  - सुशासन को बढ़ावा ↓ यह शासन के तीन मूल स्तंभों को मजबूत करती है।

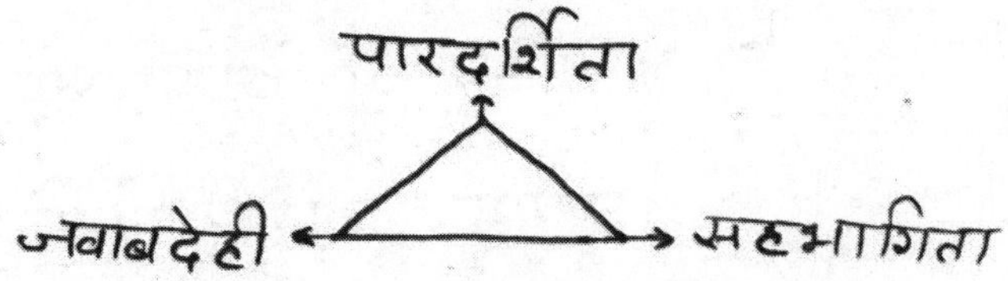

  - ↳ good governance → smart गवर्नेंस → ethical governance
- वित्तीय उत्तरदायित्व ↑
  - ↳ लीकेज + व्यर्थ खर्च पर रोक

चुनौतियाँ :- प्रशासनिक एवं राजनैतिक इच्छाशक्ति की कमी
↳ Top-down approach की मानसिकता

- आम जनता के बीच शिक्षा जागरूकता और क्षमता निर्माण की कमी के कारण लोगों की भागीदारी नगण्य रही है

- एक स्वतंत्र ऐजेंसी का अभाव है।
  ↳ Monitoring + evaluation framework का अभाव

- सांस्कृतिक विविधता + भय और असुरक्षा

- संस्थागत ढाँचा नहीं
  ↳ कई राज्यों में स्वतंत्र सोशल ऑडिट unit नहीं है।

- संसाधन कमी + मानव संसाधन और क्षमता की कमी
  ↳ प्रशिक्षित ऑडिटरों, सामाजिक कार्यकर्त्ताओं और पंचायत प्रतिनिधियों की कमी
  ↳ skill gap

- राजनीतिक हस्तक्षेप और दबाव + स्थानीय अभिजात्य समूहों का नियंत्रण
  + महिलाओं की भागीदारी कम + भाषा व साक्षरता बाधाएँ

- जनजागरूकता की कमी + भय और सामाजिक दबाव
  ↓
  Social audit एक file activity बनकर रह जाती है।

- वित्तीय संसाधनों की कमी
  - ↳ social audit के लिए अलग से पर्याप्त बजट नहीं मिलता।

- कानूनी दर्जा और प्रवर्तन शक्ति का अभाव
  - ↳ वर्तमान में सोशल ऑडिट एक Policy based Practice है, न कि statuary mandate.

- तकनीकी चुनौतियाँ + ऑडिट प्रक्रिया लंबी एवं जटिल (टाइम लेग)
  - ↳ डिजिटल डिवाइड
  - ↳ E-governance gap

- डेटा गुणवत्ता और पारदर्शिता
  - ↳ Management Information system में अपूर्ण या गलत डाटा अपलोड होता है।
  - ↳ Transparency gap
  - ↳ मनरेगा MIS portal पर ghost worker की शिकायतें

- Geo tagging + Real time audit tools का अभाव
  - ↳ Audit प्रक्रिया अभी भी पेपर आधारित है।

(eg) आंध्रप्रदेश में Real time dash board + GIS maping

<u>आगे की राह</u> :- स्वतंत्र सामाजिक लेखा परीक्षा प्राधिकरण की स्थापना

(eg) आंध्रप्रदेश का SSAAT model

- क्षमता निर्माण एवं प्रशिक्षण
  ↳ स्थानीय नागरिकों + स्वयंसेवकों + पंचायत प्रतिनिधियों को

(eg) झारखंड में PRIA NGO
  ↳ नागरिक लेखा परीक्षक प्रशिक्षण कार्यक्रम
    - audit methedology
    - data handling
    - RTI based Accountability

- साझेदारी आधारित दृष्टिकोण
  ↳ NGO + मीडिया + सरकार + नागरिक समाज

- तकनीकी सशक्तिकरण
  ↳ डिजिटल डैशबोर्ड + Real time data Analytics + geo tagging + mobile based audit apps का प्रयोग

- जनजागरूकता + नागरिक सहभागिता
  ↳ social audit को लोक संवाद के रूप में प्रस्तुत किया जाए

(eg) राजस्थान का जनसुनवाई model

- राजनीतिक इच्छाशक्ति और पारदर्शी नेतृत्व
  - ↳ यह रिफॉर्म सपोर्ट मेकेनिज़म है
  - ↳ Accountability culture

- कानूनी दर्जा और प्रवर्तन शक्ति
  - ↳ social audit को कानूनीरूप से बाध्यकारी

- समावेशी भागीदारी + पर्याप्त वित्तीय सहायता (CSR फंड)

  + अधिकारियों में audit as a partner की सोच विकसित

  + सतत विकास लक्ष्यों से जोड़ना

- सुरक्षा एवं संरक्षण तंत्र
  ↓
  social auditors और व्हीसलब्लोअरों के लिए legal Protection और security mechenism जरूरी है
  (व्हीसलब्लोअर सुरक्षा Act 2014 को सॉशलऑडिट के संदर्भ में भी लागू)

Example + Model + Case-Study

- मेघालय पहला ऐसा राज्य बना जिसने सभी विभागों में social audit को लागू किया।
  - ↳ मेघालय सामुदायिक भागीदारी और सार्वजनिक सेवा सामाजिक अंकेक्षण Act 2017

- I - MESA योजना → (सामाजिक न्याय एवं अधिकारिता मंत्रालय)

सूचना निगरानी मूल्यांकन

↳ वित्त वर्ष २०२१-२२ से विभाग की सभी योजनाओं की लेखा-परीक्षा

- बिहार की PDS
- राजस्थान का जनसूचना Portal
- NGO प्रथम
- TCS → अपने कार्यस्थल पर विविधता और समावेश के प्रभाव का मूल्यांकन किया
- टाटा आयरन एंड स्टील कंपनी लिमिटेड
  ↳ सोशल ऑडिट करने वाली पहली कंपनी
- सामाजिक अंकेक्षण के लिए राष्ट्रीय संसाधन प्रकोष्ठ की स्थापना
- आंध्रप्रदेश मॉडल :- सरकार हस्तक्षेप से मुक्त एक स्वायत्त निकाय सोसायटी फॉर सोशल ऑडिट, अकांउटेबिलिटी एंड ट्रांसपेरेंसी की स्थापना की गई।

उद्देश्य : मनरेगा जैसी कल्याणकारी योजनाओं के अन्तर्गत ग्रामीण आबादी को सशक्त बनाना + सार्वजनिक धन की बर्बादी को रोकना

- झारखंड मॉडल

↳ सार्वजनिक सुनवाई PRI और CSO सदस्यों के साथ ज्यूरी द्वारा की जाती है।

पंचायती सदस्य + नागरिक समाज संगठन

- छत्तीसगढ मॉडल

↳ ग्रामसभा के सचिव और सरपंच सामाजिक अंकेक्षण दल से मनरेगा के अलावा अन्य मामलों के बारे में शिकायतें प्राप्त करते हैं और उनके पास पहुँचते हैं

- फिलीपिंस (भागीदारी बजटिंग model)

↓ बॉटम अप बजटिंग

↓ नागरिकों को यह तय करने में शामिल करना था कि सरकारी धन कहाँ खर्च किया जाएगा

फिलीपिंस का "नागरिक स्कोर कार्ड मॉडल"

→ सेवाओं को रेटिंग (जल, शिक्षा, स्वास्थ्य etc)

→ feedback based governance

- ब्राजील (पोर्टो एलेगेरे model)

↓ सहभागी बजट

↓ नागरिकों को सीधे तौर पर अधिकार की नगर निगम का बजट कैसे खर्च किया जाएगा

- डबल डिविडेंड गवर्नेंस ≡ Empowerment + transparency
  - → ओडिशा का महिला नेतृत्व आधारित social ऑडिट
  - → Women SHG का use
  - → OSSAAT → सामाजिक लेखा परीक्षा को सुलभ बनाने वाली संस्था है।

- तेलंगाना सरकार का - टेक इंटिग्रेटेड अकाउंटेबिलिटी model
  - → social audit को blockchain based public record से जोड़ा गया। (हेराफेरी असंभव ऑडिट में)

Audit ecosystem

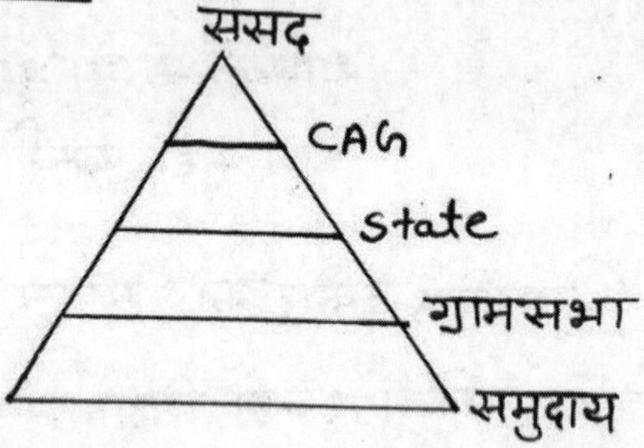

- भविष्य का शासन
  - → सिद्धान्त → Audit of the people, by the people, for the people

- यह अंत्योदय से सुशासन की दिशा में एक सेतु है जहाँ नागरिक सिर्फ लाभार्थी नहीं बल्कि शासन के सह निर्माता भी हैं।

- गवर्नेंस नवाचार जो
  ↓
  Real time governance feedback system

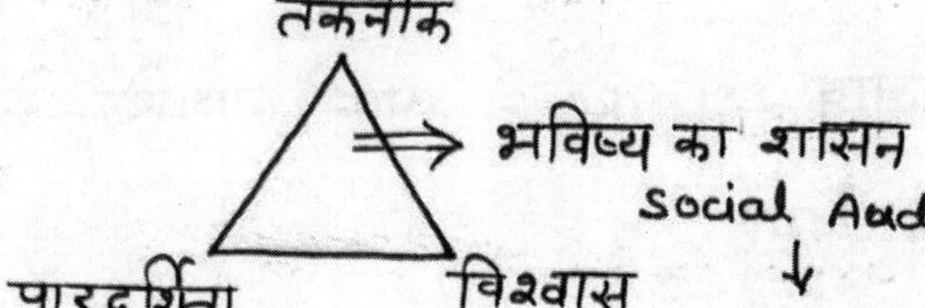

Social Audit 2.0
↓
SMART

6 सेवोत्तम मॉडल

सेवोत्तम मॉडल (सेवा + उत्तम)

- देश में सेवाओं के वितरण में सुधार के उद्देश्य हेतु विकसित
- सुझाव – II ARC ने अपनी नागरिक केन्द्रित प्रशासन Report में दिया
- SDG-16
- तीन घटक हैं।

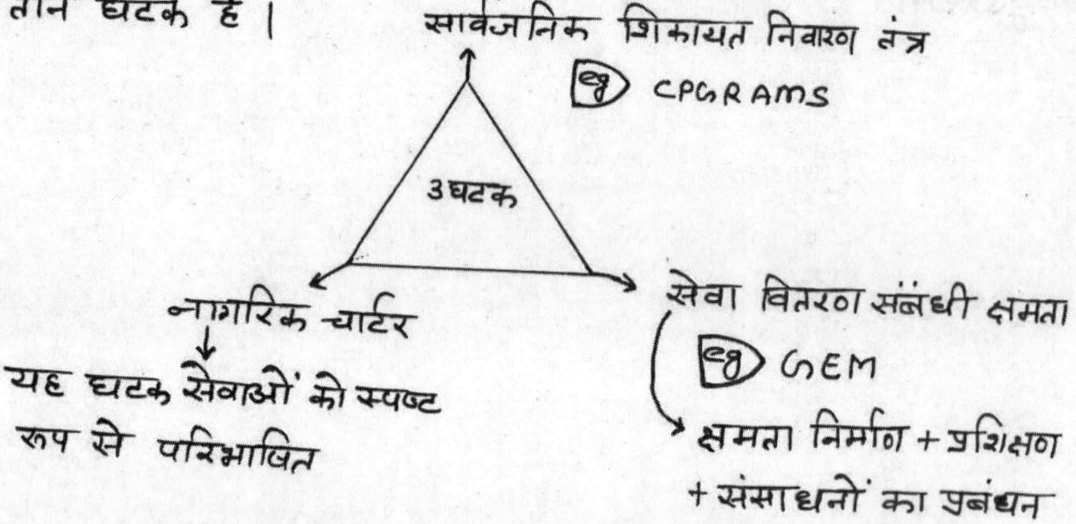

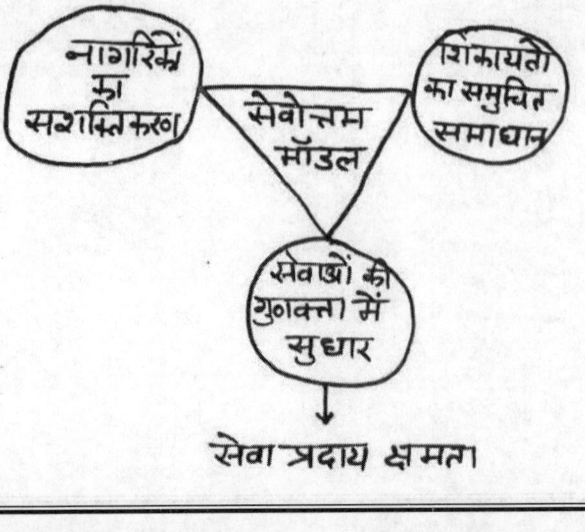

- सेवोत्तम मॉडल ≡ नागरिक केन्द्रित प्रशासन + जवाबदेही + पारदर्शिता + सतत सुधार + प्रशासनिक दक्षता
- IS 700 : 2005 BIS मानक उन संगठनो को जो मानक पूरा करते है।

सिद्धान्त और तत्व :-

- नागरिक केन्द्रित
  - → पासपोर्ट सेवा प्रोटोटाइप की स्थापना से पासपोर्ट जारी करने की प्रक्रिया का विकेन्द्रीकरण और उनकी गति आधी।
- गुणवत्तापूर्ण सेवा वितरण
  - → जीवन प्रमाण पहले
  - → पेंशन प्रक्रिया
  - → डिजिटल सत्यापन
- उत्कृष्टता के मानक (सेवा मानक और प्रतिबद्धता)
  - eg) स्वच्छ भारत मिशन
- सतत सुधार → feedback और innovation
  - → अनुकूलन और नवीनता को बढावा
  - → GEM

- क्षमता निर्माण → Training, HR
  - ↳ कुशल प्रशासन + कुशल अधिकारी
  - eg ↳ मिड केरियर ट्रेनिंग प्रोग्राम

- My gov.in (सूचना साझा + जागरूकता)
  - ↳ govt. स्कीम की जानकारी

- स्वतंत्र मूल्यांकन
  - ↳ Third party

प्रभावी सार्वजनिक सेवा वितरण के सिद्धान्त

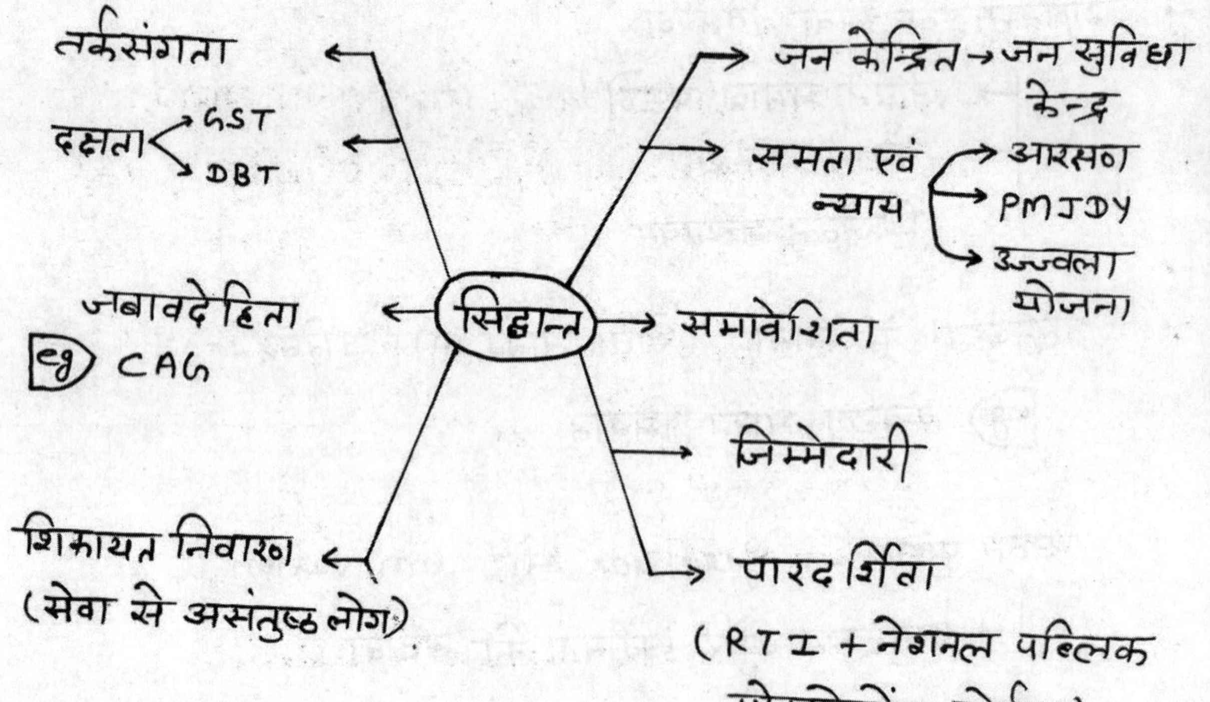

अन्य –

- तकनीकी उन्नति
  - → ई. गवर्नेंस
  - → डिजिटल भुगतान → UPI
  - → My gov. in

- जलवायु परिवर्तन
  - → राष्ट्रीय सौर मिशन
  - → ऊर्जा दक्षता कार्यक्रम
  - → हरित भवन

लाभ :→

लाभ
- ↑ नागरिक केंद्रित सेवाएँ
- → प्रशासनिक दक्षता (समय एवं संसाधनों की बचत)
- ↓ पारदर्शिता + जवाबदेही (सेवा मानक स्पष्ट → भ्रष्टाचार ↓)
- ← निरंतर सुधार feedback + monitoring → policy और Process में सुधार

7 शिकायत निवारण तंत्र

महत्व

- लोक असंतोष को रोकता है
- नागरिक, शासन प्रक्रिया में भाग लेते हैं।
- सुशासन का एक स्तंभ
- सरकारी उपायों में बाधाओं की पहचान (समस्याओं की मूल पहचान और सुधार)
- सरकार और नागरिकों के बीच विश्वास को मजबूत करना (नागरिकों का शासन पर विश्वास बढ़ता हैं)
- प्रशासनिक दक्षता में सुधार
  (Process reengineering)
  + SDG-16
- अधिकारों की सुरक्षा + सामाजिक न्याय ↑
- सरकारी अधिकारियों और संस्थाओं की जवाबदेही सुनिश्चित
  + पारदर्शिता
- भ्रष्टाचार ↓ (व्हिसल ब्लोअर्स)
  +
  feedback के आधार पर सरकारी सेवाओं में सुधार

भारत में पहलें (Initiatives)

- CPGRAMS :- 24x7 उपलब्ध एक online platform है
  - → यह नागरिकों को सेवा वितरण से जुड़े किसी भी विषय पर लोक अधिकारियों के समक्ष अपनी शिकायतों को दर्ज करने की सुविधा प्रदान करता है।
  - → यह भारत सरकार और राज्य के सभी मंत्रालयों/विभागों से जुड़ा एक single portal है।
  - → Now- CPGRAM 7.0

- प्रगति पोर्टल :- आम आदमी की शिकायतों का समाधान
  - ↳ केन्द्र, राज्य और UT की अलग-2 योजनाओं एवं परियोजनाओं की समीक्षा करना

- ई-निवारण
  - ↳ केन्द्रीय प्रत्यक्ष कर बोर्ड की पहल

उद्देश्य ↳ करदाताओं की शिकायतों को तेजी से ट्रेक करना

- शिकायत निवारण मूल्यांकन सूचकांक
  - ↳ अलग-2 संगठनो की तुलनात्मक तस्वीर पेश

- CVC + NHRC + SHRC + लोकपाल + लोकायुक्त + RTI etc.

अन्य example - जन सूचना पोर्टल - राजस्थान सरकार

मुद्दे :- शिकायतों के समाधान में अत्यधिक समय लगता है।
↳ अक्सर शिकायतें कई स्तर पर घूमती रहती हैं।

eg CPGRAMS में (Red tapism)

- जवाबदेही की कमी + समाधान की गुणवत्ता कमजोर
  ↳ quality poor
    ↳ output होता है, outcome नहीं

- नागरिकों में जागरूकता की कमी + तकनीकी बाधाएँ
  ↳ online तंत्र में डिजिटल विभाजन
  ↳ कम use eg CPGRAMS
  बाधाएँ ↓ डिजिटल डिवाइड

- संस्थागत बिखराव
  → विभिन्न मंत्रालयों और राज्यों के अलग-2 mechenism
  → राज्य पोर्टल्स और केन्द्र के बीच डेटा का एकीकरण कमजोर है।

- कानूनी आधार का अभाव
  eg UK ombudsman act जैसा कोई कानून नहीं भारत में

- क्षमता और प्रशिक्षण की कमी

- डेटा का प्रभावी उपयोग नहीं
  ↳ शिकायतों से मिलने वाले आँकड़े Policy Reform में use नहीं होते।

- अत्यधिक केन्द्रीकरण
  - ↳ शिकायत निवारण तंत्रों का
- शिकायतकर्ता को यह पता नहीं चलता कि उसकी शिकायत पर क्या कार्यवाही हुई
  - ↳ feedback and monitoring weakness
- Uniform standards का अभाव
  - ↳ अलग-2 departments में अलग-2 सीमा और प्रक्रिया
- Lack of integration with RTI, Lokpal + citizen चार्टर + एकीकरण का अभाव (अलग-2 राज्य के क्षेत्रों की बहुलता)
- शिकायत निपटान में देरी
  - ↳ नौकरशाही बाधाएँ
  - ↳ सीमित संसाधन
  - ↳ अकुशल कार्यप्रणाली

<u>आगे की राह</u> :-

- कानूनी आधार सुनिश्चित करना (शिकायत निवारण तंत्र का)
  - (eg) U.K. ombudsment Act
- तकनीकी और AI आधारित निगरानी

(eg) द. कोरिया का e-people portal

- एकीकृत online शिकायत प्रणाली
- शिकायतों को ट्रैक करना और अपडेट करना
- सारी सरकारी एजेंसियों तक शिकायतों को पहुँचाना
- शिकायत प्रतिक्रिया देखना

• नागरिक केन्द्रित पोर्टल और बहुभाषी इंटरफेस
  ↳ ग्रामीण और पिछड़े वर्ग भी use कर सकें

• सभी शिकायत प्लेटफॉर्मों का एकीकरण
  ↳ one nation, one grievance portal

• feedback + social audit
  ↳ नागरिकों को शिकायतों पर कार्रवाई की जानकारी मिले

(eg) केरल सरकार का "सुथार्य पोर्टल"
(सार्वजनिक राय के लिए- विकास + कल्याण)

• अधिकारियों के लिए क्षमता निर्माण और संवेदनशीलता प्रशिक्षण

• समयबद्ध और परिणाम आधारित मूल्यांकन
  ↳ Result based Governance
  ↳ feedback लेना

- डेटा आधारित नीति निर्माण
  ↳ शिकायत Data का policy निर्माण में use

- जागरूकता ↑

- बहुस्तरीय शिकायत निवारण तंत्र

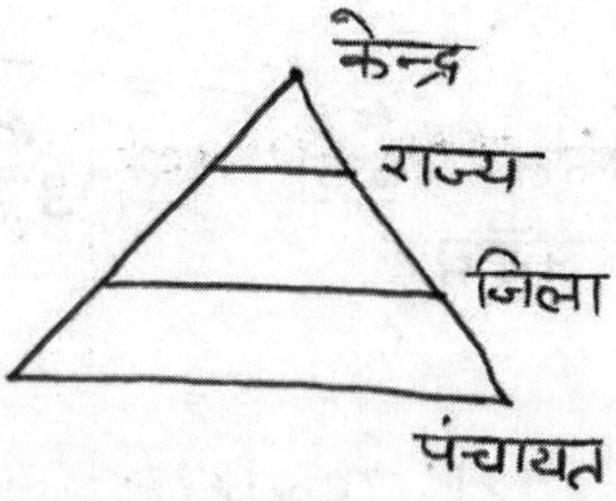

- डिजिटल समावेशीकरण + low tech accessible Portals.

  eg SHE-BOX portal

II ARC सिफारिशें

- एक स्वतंत्र शिकायत निवारण प्राधिकरण स्थापित
- गहन विश्लेषण → क्षेत्रों की पहचान → समस्या उत्पन्न → आवश्यक हस्तक्षेप

- विकेन्द्रीकृत निवारण

- एक मजबूत निगरानी प्रणाली स्थापित

- फीडबैक तंत्र

- प्रौद्योगिकी को एकीकृत करना

Example + Case-study + model + SDG etc

- "आपले सरकार"
  - → महाराष्ट्र सरकार का
  - → नागरिकों को विभिन्न सेवाएँ डिजिटल रूप से उपलब्ध कराना
    - एकल खिड़की पहुँच
    - DBT
    - सुविधाजनक + सुलभ
    - जवाबदेही
    - उपयोगकर्ता पंजीकरण (mobile OTP)

- 4A model
  - जागरूकता (Awareness)
  - Accessibility
  - Action
  - Accountability

- Estonia e-ombudsman portal
  - AI का use
  - Real time update
  - पारदर्शिता ↑
  - स्मार्ट गवर्नेंस

- ई- धरा (गुजरात)
  - → भूमि राजस्व प्रणाली से संबंधित शिकायतों के निवारण के लिए

- REACH (Reaching everyone for active citizenry @ Home)
  - → सिंगापुर govt. की
  - → डिजिटल तंत्र + नागरिक सहभागिता

8 सूचना का अधिका (RTI)

- " सूचना लोकतंत्र की मुद्रा है "
  ↳ थॉमस जैफरसन
- अर्थ है नागरिकों तक सरकारी सूचना की पहुँच
- सरकारी कार्यकलापो में खुलापन और पारदर्शिता हो ।
- प्रतिभागी लोकतंत्र को बढावा
- World bank (1992) – प्रशासन एवं विकास पर दस्तावेज के सात पहलुओं में से एक पारदर्शिता एवं सूचना भी था
- यह शासन प्रक्रियाओ के बारे में लोगों की जानकारी को बढाकर सशक्तिकरण लाता है ।
- RTI का तात्पर्य है कि कोई भी भारतीय नागरिक राज्य या केन्द्र सरकार के कार्यालयों और विभागों से कोई भी सूचना जिसे (सार्वजनिक माना जाता है) प्राप्त करने का अनुरोध कर सकता है ।
- यह खुले शासन के लिए आवश्यक दशाओं का निर्माण करता है जो लोकतंत्र की आधारशिला बनती है ।

- सरकार में जनता के अधिकार को बढाता है।
- प्रशासन एवं जनता के बीच दूरी को कम करता है।
- गोपनीयता की संस्कृति
- भ्रष्टाचार ↓
- राजनारायण V/s UP वाद

SC → सूचना के अधिकार को मौलिक अधिकार माना जाएगा

- RTI
  - → सरकार में सूचना का आदान प्रदान और नागरिकों तक पहुँच
  - → शासन व्यवस्था में ईमानदारी (जवाबदेही)
  - → नागरिक केन्द्रित प्रशासन
  - → गवर्नेंस प्रणाली में मूलभूत बदलाव का संकेत

RTI ACT 2005 में प्रावधान

- सूचना प्राप्त करने का अधिकार + सूचना का दायरा + समायोजित प्रक्रिया 30 days + उचित शुल्क + अपील और शिकायतें + व्हिसल ब्लोअर संरक्षण
- धारा (6)(i) :- कोई व्यक्ति जो इस Act के तहत कोई सूचना प्राप्त करना चाहता है, उसे केन्द्रीय लोक सूचना

अधिकारी या राज्य लोक सूचना अधिकारी को लिखित रूप में या इलेक्ट्रॉनिक माध्यम से अनुरोध करना होता है।

- धारा (7) : इसके तहत PIOs द्वारा सूचना प्रदान करने के लिए अधिकतम सीमा तय की गई है।
  (30 days आवेदन की तारीख से)

- धारा (8) : इसके तहत कुछ मामलों में सूचना के प्रकटीकरण से छूट प्रदान की गई है।

  जैसे :- वाणिज्यिक गोपनीयता, ट्रेड सीक्रेट, राष्ट्रीय सुरक्षा, व्यक्तिगत सूचना, न्यायालय की अवमानना etc.

- धारा (4) : अधिक से अधिक जानकारी प्राप्त करने के लिए स्वत: संज्ञान से कदम उठाना

- सभी सार्वजनिक प्राधिकरण अपने दस्तावेजों का संरक्षण करते हुए उन्हें कम्प्यूटर में सुरक्षित रखेंगे।

- RTI की उपलब्धियाँ

  - 2G घोटाला

- आदर्श सोसायटी घोटाला
- 2010 कॉमनवेल्थ गेम (पैसा कागजों पर ही खर्च)
- अभिभावकों के एक समूह द्वारा mid-day मील की गुणवत्ता का खुलासा

⇒ **कार्यान्वयन में समस्याएँ / चुनौतियाँ**

- नागरिकों के प्रति लोक सूचना अधिकारियों का शत्रुतापूर्ण रवैया और सूचना छिपाने के लिए RTI के प्रावधानों की गलत व्याख्या करना
- जनहित और निजता के अधिकार के संबंध में स्पष्टता का अभाव
- राजनीतिक इच्छाशक्ति का अभाव और खराब बुनियादी ढाँचा
- पहले से तैयार कम्प्यूटरीकृत सूचना की कमी
- RTI कार्यकर्ताओं और आवेदकों की आवाज दबाने के लिए उनके खिलाफ हमलों और धमकियों जैसे साधन
- जन सूचना अधिकारियों की अपर्याप्त संख्या

- प्रदान की जाने वाली सूचना की खराब गुणवत्ता
- निरक्षरता + स्थानीय भाषाओं में नही + जागरूकता में कमी
  नौकरशाही मानसिकता + PIOs की अक्षमता
- सूचनाओं को संग्रहित करने और प्रसार करने हेतु उचित प्रणाली का अभाव
- धारा 8(1) के दुरूपयोग
  - → अपर्याप्त निवारण तंत्र
  - → स्पष्टता की कमी
  - → मनमाने ढंग से इन्कार
  - → RTI के उद्देश्यों को कमजोर करना
  - → गलत काम को छुपाना

Way forward

- Centralized online RTI Portal
  - → आवेदन, ट्रेकिंग और अपील
  - → AI chatbot → सामान्य RTI सवालों के जवाब के लिए Blockchain आधारित सूचना संग्रह – सरकारी डेटा में कोई छेडछाड़ न हो
  - → mobile App
    - ↳ Remote और Rural Area में

- PIO/APIO की संख्या बढ़ावा एवं नियमित प्रशिक्षण
  + अनुपालन पर निगरानी + देरी पर जुर्माना
- RTI उल्लंघन पर सख्त दंड और भ्रष्टाचार निवारण
  + whistle blower protection (2014 Act) → RTI कार्यकर्त्ताओं की सुरक्षा
  + समय पर सूचना न देने पर कार्रवाई
- ग्राम पंचायत स्तर पर RTI awareness campaign
- NGOs और मीडिया के माध्यम से नागरिकों को सूचित करना
- स्कूल/college में RTI education शामिल करना
- RTI compliance पर राज्यों और विभागों की Ranking
- वैश्विक प्रथाओं से सीखना

  स्वीडन : पारदर्शिता एक्ट + Proactive disclosure

Case-Study + Example etc

- सत्येन्द्र दुबे की हत्या (NHAI) अभियंता
  → राजमार्गों के निर्माण में भ्रष्टाचार का विवरण
  → PM कार्यालय को पत्र लिखा

- शशिधर मिश्रा हत्या
  - ↳ पंचायत तथा ब्लॉक स्तरों पर भ्रष्टाचार का भण्डाभोड़ किया

- विट्ठल गीता (औरंगाबाद में मार दिया गया)
  - ↳ एक शिक्षा कार्यकर्ता बीड़ गाँव के स्कूल में अनियमितताओं को उजागर किया था।

- अमित जेठावा की हत्या (2010) - अहमदाबाद HC के सामने
  - ↳ गिर वन के विस्तार में अवैध खनन का पर्दाफाश करते हुए एक संसद सदस्य का नाम लिया था।

- RTI 2.0 model की आवश्यकता
  - ↳ AI + open data + civic engagement + online RTI portal

- Governance pyramid RTI

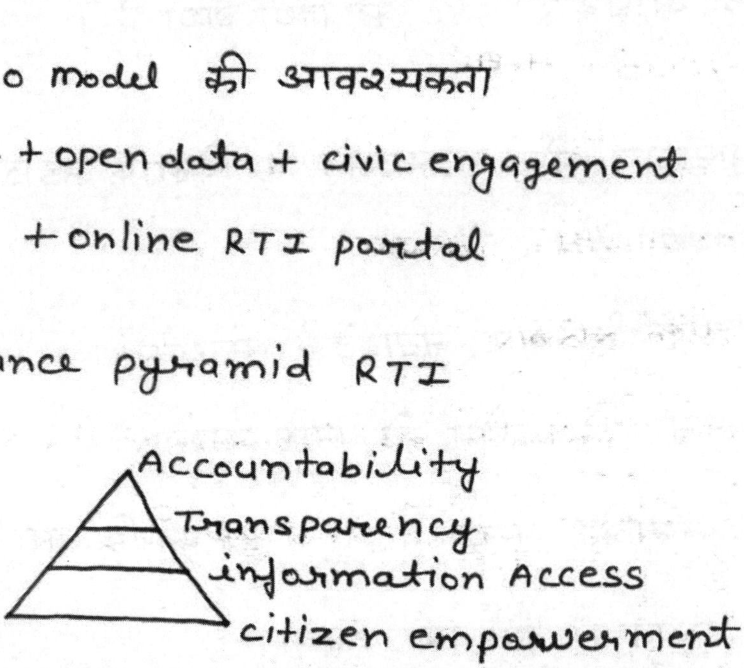

- RTI "Right to know" को "Right to govern" में बदलने का माध्यम हैं।

9 लोकपाल

- एल. एम. सिंघवी ने use
- 1966 प्रशासनिक सुधार रिपोर्ट में जिक्र
- ओम्बुड्समेन संस्था
- लोकपाल और लोकायुक्त Act 2013
  ↳ सांविधिक निकाय

  नियुक्ति सरकार
- लोकपाल द्वारा भेजी गई शिकायतों की प्रारंभिक जाँच करने का अधिकार CVC को दिया गया है।

<u>महत्व</u>

- भ्रष्टाचार और कुप्रशासन के खिलाफ लड़ाई में मजबूत संस्था है।
- पारदर्शिता और जवाबदेही संरक्षक
- कानून के शासन को बनाए रखने
- लोकतांत्रिक संस्थाओं में जनता का विश्वास बढाने में
- शासन में विश्वास बढना
- नीति और निर्णय प्रक्रिया में सुधार
  (लोकपाल भ्रष्टाचार की जांच के दौरान प्रशासनिक प्रक्रियाओं की कमजोरी को उजागर करता है)

- अन्तर्राष्ट्रीय मानकों के अनुसार शासन
  - ↳ UN कन्वेंशन (भ्रष्टाचार)
- नागरिकों की शिकायतों का त्वरित निवारण

<u>सीमाएँ</u> :-

- कई राज्यों में लोकायुक्त की नियुक्ति नहीं
- राजनीतिक इच्छाशक्ति की कमी
- न्यायपालिका को लोकपाल के दायरे से बाहर
- यह Act केवल संघ सरकार पर लागू
- लोकपाल का कोई संवैधानिक आधार नहीं है और लोकपाल के विरुद्ध अपील का प्रावधान नहीं है
- लोकपाल की नियुक्ति से संबंधित विशिष्ट विवरण पूरी तरह से राज्यों पर छोड़ दिया गया
- यह निर्धारित करने का कोई मानदंड नहीं है कि कौन एक प्रख्यात न्यायविद या सत्यनिष्ठ व्यक्ति है।
- लोकपाल राजनीतिक प्रभाव से मुक्त नहीं है
  - ↳ नियुक्ति राजनीतिक दलों द्वारा
- भ्रष्टाचार के विरुद्ध शिकायत उस तिथि से सात साल के बाद पंजीकृत नहीं की जा सकती जिस तिथि को ऐसी शिकायत में अपराध किए जाने का उल्लेख है।

आगे की राह

- संस्थागत सशक्तिकरण
  - ↳ लोकपाल के पास स्वतंत्र जाँच एजेंसी, स्वतंत्र बजट और स्वायत्त नियुक्ति प्रक्रिया होनी चाहिए।
    (वर्तमान में CBI एवं अन्य एजेंसियों पर निर्भरता)
- लोकपाल एवं लोकायुक्त के बीच समन्वय
  - ↳ जानकारी साझा
- तकनीकी आधारित पारदर्शिता + त्वरित निपटान और समयबद्धता
  - (online platform पर ट्रेक शिकायतें + जाँच व निपटान)
  - (fast track जाँच तंत्र) → RTI की तरह समय सीमा तय हो
- पारदर्शी नियुक्ति प्रक्रिया
- जागरूकता + नैतिक संस्कृति का विकास
  - ↳ school + college + सिविल सेवाओं मे

10 लोकतंत्र में सिविल सेवाओं की भूमिका

लोकतंत्र में सिविल सेवाओं की भूमिका (PYQ)

Q.1 प्रजातांत्रिक शासन का सिद्धान्त यह अनिवार्य करता है कि लोकसेवकों की सत्यनिष्ठा के प्रति लोकधारणा पूर्णतः सकारात्मक बनी रहे। विवेचना कीजिए।

(UPSC-2024, 10 अंक)

Q.2 "आर्थिक प्रदर्शन के लिए संस्थागत गुणवत्ता एक निर्णायक चालक है"। इस संदर्भ में लोकतंत्र को सुदृढ करने के लिए सिविल सेवा में सुधारों के सुझाव दीजिए

(UPSC-2020, 10 अंक)

लोकतंत्र में सिविल सेवाओं की भूमिका

- एक लोकतंत्र में सिविल सेवाएँ प्रशासन, नीति और कार्यान्वयन में और देश की प्रगति और विकास की ओर ले जाने में अत्यंत महत्वपूर्ण भूमिका निभाती हैं।
- सिविल सेवाएँ कार्यपालिका का अंग हैं। (स्थाई)
- सरकार की थिंक टैंक

- प्रशासन को निरंतर बनाए रखना
- राज्य और नागरिको के बीच एक कड़ी के रूप में
- ज्ञान व अनुभव का भंडार है।
- स्टील फ्रेम ऑफ इंडिया → SVBP

Note :- हाल ही में संघ लोक सेवा आयोग के 100 साल पूरे

⇒ लोकतंत्र में सिविल सेवाओं की भूमिका

- गरीबी, बेरोजगारी, अशिक्षा, मूलभूत ढाँचे की कमी और स्वास्थ्य मानकों के कमजोर होने जैसे समस्याओं का समाधान करना।

  eg) केरल का कुटुम्ब श्री मॉडल,
  last mile डिलीवरी मैकेनिज्म

- नीतियों का ढंग से क्रियान्वयन करना + नीति निर्माण + निगरानी
  └→ Result oriented गवर्नेंस

  eg) मनरेगा, डिजिटल इंडिया, स्वच्छ भारत मिशन

- चुनावी प्रक्रिया को ढंग से क्रियान्वयन करना (शांतिपूर्ण)
- किसी भी आपात स्थिति में व्यवस्थाओं की जिम्मेदारी सिविल सेवकों के कंधों पर

- विधायी भूमिका
  - → विधेयक तैयार करना
- न्यायिक भूमिका
  - → प्रशासनिक न्यायाधिकरण में
- वित्तीय भूमिका
  - → बजट तैयार करना
- e-gov. (गवर्नेंस), RTI, सिटीजन चार्टर जैसे उपकरणों का प्रभावी तरीके से use.
- प्रशासनिक स्थिरता और निरंतरता
  - → राजनीतिक परिवर्तन के बावजूद प्रशासन चलता रहता है
  - → "Permanent executive" Model
- आपदा प्रबंधन में + संकट प्रबंधन में

eg कोविड-19 + सुनामी 2004 + केरल बाढ 2018

- सुधार और नवाचार में
  - → प्रशासनिक सुधारों व ई-गवर्नेंस को आगे बढाना

eg e-office, JAM ट्रिनिटी, मिशन कर्मयोगी, डेटा ड्रिवन गवर्नेंस

- पारदर्शिता और सुशासन
  - → RTI, e-gov., सिटीजन चार्टर के माध्यम से
  - → People centric governance
  - → UMANG App, डिजीलॉकर

- सामाजिक न्याय और समावेशन में
  - → SC/ST + महिला + बच्चे

- नीति निर्माण में विशेषज्ञ परामर्श
  - → तकनीकी + विश्लेषणात्मक
  - (eg) नीति आयोग, आर्थिक सुधारों में भूमिका
  - → Evidence based policy making

- राष्ट्रीय एकता और अखण्डता
  - → All india service
  - → विविधताओं वाले देश में एकता बनाए रखना

- नागरिक सशक्तिकरण और भागीदारी
  - (eg) → Peoples plan campaign

    (Participatory governance)

Note :- आधुनिक लोकतंत्र में सिविल सेवा weberian-gandhian synthesis model पर आधारित है
≡ Rule + ethics

weber का नियम आधारित निष्पक्ष प्रशासन और गाँधीजी का नैतिक लोकसेवा दृष्टिकोण मिलकर एक संतुलित शासन प्रणाली बनाते हैं।

- civil service ≡ Dynamic governance + Participatory democracy

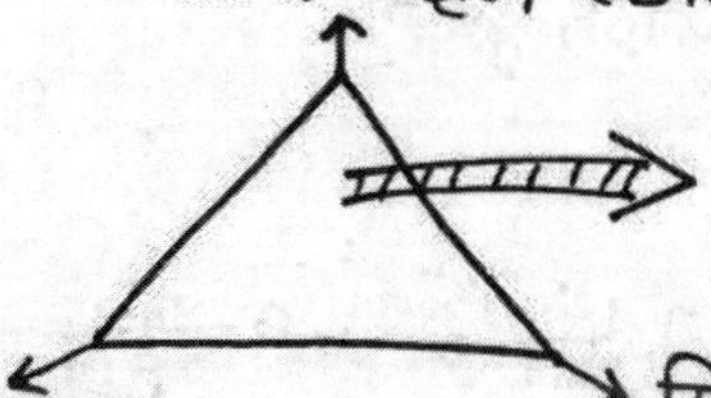

<u>चुनौतियाँ</u> :- राजनीतिक हस्तक्षेप + राजनीतिक गठजोड़
↳ प्रशासनिक निष्पक्षता प्रभावित होती है।
↳ (eg) IAS अधिकारियों के अचानक राजनीतिक ट्रांसफर (II ARC)

- भ्रष्टाचार और जवाबदेही की कमी ↳ एथिकल गवर्नेंस ↓

(eg) कॉमनवेल्थ गेम्स घोटाला 2010, 2G स्पेक्ट्रम

- लालफीताशाही और धीमी निर्णय प्रक्रिया
↳ नियमों का कठोर पालन ⇒ विकास और योजना कार्यान्वयन में बाधा

(eg) भूमि अधिग्रहण और पर्यावरणीय मंजूरी में विलंब

- प्रशिक्षण और क्षमता का अभाव
  - ↳ digital गवर्नेंस, AI + डेटा analysis के लिए प्रशिक्षण अपर्याप्त
- जनता और प्रशासन के बीच की दूरी (citizen-Adminstrator gap)
- Policy implementation gap (नीति कार्यान्वियन)
  - → नीति जमीनी स्तर प्रभावी रूप से नहीं पहुँच पाती है
  - → last mile delivery
- उत्तरदायित्व और प्रदर्शन मूल्यांकन की कमजोरी
- तकनीकी बदलाव के साथ अनुकूलन में कठिनाई
  - → डिजिटल प्रशासन, ई गवर्नेंस, AI etc
  - → CPGRAMS implementation
  - → बदलती वैश्विक और तकनीकी चुनौतियाँ
    - ↳ साइबर सुरक्षा
- नैतिक + मूल्य आधारित प्रशासन का अभाव

eg) भूमि अधिग्रहण स्कैम, संसाधनों का प्रबंधन अच्छे से नहीं

- नैतिक + मूल्य आधारित प्रशासन का अभाव

(eg) भूमि अधिग्रहण स्कैम, संसाधनों का प्रबंधन अच्छे से नहीं

- समन्वय में कमी
  - ↳ विभिन्न विभागों, केन्द्र-राज्य या multiple स्कीम के बीच coordination का अभाव

(eg) pm गति शक्ति

- सोशल मीडिया + मितव्ययता + राजनीतिक झुकाव + कार्यकुशलता का अभाव + स्थानांतरण के लिए एक समुचित तंत्र का अभाव + उदासीनता + प्रोद्योगिकी संबंधित

मुद्दे:

- तंत्र में लचीलेपन का न होना (केन्द्रीकरण) — कई स्तरों पर अनुमतियाँ कोई निर्णय लेने के लिए
- गतिशीलता का अभाव
- राजनीतिक हस्तक्षेप
- आधुनिकीकरण का अभाव
- लंबी UPSC प्रक्रिया और अभ्यर्थियों की चुनौतियाँ
- स्थानान्तरण का भय
- Art. 311
- गोपनीयता की संस्कृति
- विशेषज्ञता की कमी
- रिक्त पद और उच्च कार्य तनाव

सुधार के उपाय :-

- सिविल सेवा सुधार
  - ↳ चयन, पदोन्नति और मूल्यांकन प्रणाली को प्रदर्शन आधारित बनाया जाए

(eg) DoPT द्वारा 360° मूल्यांकन + लेटरल एंट्री

- निरंतर प्रशिक्षण और क्षमता निर्माण
  - ↳ future ready Bureaucracy

eg) मिशन कर्मयोगी मॉडल

iGoT प्लेटफॉर्म द्वारा डिजिटल प्रशिक्षण

- नैतिक + मूल्य आधारित प्रशासन
  - ↳ प्रशासन में Integrity + Transparency + compassion ↑

eg) टी. एन. शेषन द्वारा चुनाव आयोग की नैतिक साख बढाना

- नागरिक केन्द्रित शासन → सहभागी शासन
  - ↳ नागरिकों को नीति निर्माण और शिकायत प्रक्रिया में शामिल करना

eg) राजस्थान का 'जनसूचना' Portal

eg) आन्ध्रप्रदेश का स्पंदना Portal

} जनता की शिकायतों का प्रभावी ढंग से निवारण करना है।

- डिजिटल और डेटा आधारित प्रशासन
  - ↳ ई गवर्नेंस, AI + Blockchain + data analytics के प्रयोग ↑

eg) CPGRAMS, My gov प्लेटफॉर्म

→ Tech. enabled governance + Evidence based policy

- राजनीतिक तटस्थता + स्थायित्व (कार्यकाल की सुनिश्चितता)
  - → सिविल सेवा बोर्ड + Fixed tenure प्रणाली लागू की जाए।
- प्रदर्शन आधारित प्रोत्साहन

  eg) लोकसेवा में उत्कृष्टता के लिए प्रधानमंत्री पुरस्कार
- विकेन्द्रीकृत शासन + स्थानीय सशक्तिकरण
  - → स्थानीय निकायों को अधिक अधिकार देकर grassroot democracy को मजबूत करना

  eg) केरल मॉडल
- पारदर्शिता + जवाबदेही
  - → RTI + social audit + citizen charter
- नवाचार आधारित शासन
  - → नीति निर्माण में Nudge theory + behavioral insight का प्रयोग

  eg) ब्रिटेन की behavioural in ights Team (नज यूनिट)

  लोगों के व्यवहार को समझने + उसे प्रभावित करने के लिए व्यवहार विज्ञान का use करना
- सरकार + नागरिक समाज + निजी क्षेत्र में whole of govt दृष्टिकोण विकसित करना

  eg) सिंगापुर मॉडल

- भ्रष्टाचार पर शून्य सहिष्णुता
  - ↳ लोकपाल Act 2013
  - ↳ e-procurement system

- लैंगिक और सामाजिक समावेशन
  - ↳ महिला और वंचित वर्गों की भागीदारी ↑

eg) स्वीडन की Gender balanced ब्यूरोक्रेसी

- संकट प्रबंधन और अनुकूल प्रशासन
  - ↳ प्रशासन को आपदा प्रबंधन और आपातकालीन निर्णय क्षमता में दक्ष बनाना

- प्रशासनिक नेतृत्व में संवेदनशीलता और भावनात्मक बुद्धिमत्ता विकसित करना

- आचार संहिता + code of conduct का ईमानदारी से पालन

- दृष्टिकोण विकसित
  - ↳ सिविल सेवक प्रशासक नहीं बल्कि सेवक हैं।

- परिणाम पर बल + शिकायत निवारण तंत्र को दुरुस्त करना + भ्रष्टाचार की परिभाषा को और विस्तृत किया जाए + नैतिक प्रशिक्षण + राजनीतिक सुधार की आवश्यकता ।

लैटरल एंट्री : सामान्यज्ञ Vs विशेषज्ञ

कमेटियाँ

- बासवान समिति 2016 लैटरल एंट्री पर गौर
- B. N. श्रीकृष्णा समिति (2006)

- पार्श्व प्रवेश का अर्थ है कि किसी क्षेत्र के विशेषज्ञ को प्रशासकीय सेवाओं में मध्य या वरीष्ठ पदों पर सीधी तौर पर नियुक्त करना
- आमतौर पर इन पदों पर लोकसेवकों को प्रमोशन देकर नियुक्त किया जाता है।

Eg. रघुराम राजन, ई-श्रीधरन, नंदन नीलेकनी

लैटरल एंट्री की आवश्यकता → बदलते भारत की जरूरत

- नीति निर्माण की प्रक्रिया में नए आयामों और ऊर्जावान प्रतिभाओं को शामिल करना
- कुशलता और शासन में वृद्धि के लिए
- शासन में जटिलता का बढ़ना
  - → जलवायु परिवर्तन
  - → वैश्वीकरण
  - → डिजिटल समाज
  - → आतंकवाद
  - → साइबर अपराध
- अधिकारियों की कमी को पूरा करना
- सरकार में प्रतिभाओं को शामिल करना

- नियुक्ति के लिए प्रतिभाओं का व्यापक भंडार होना

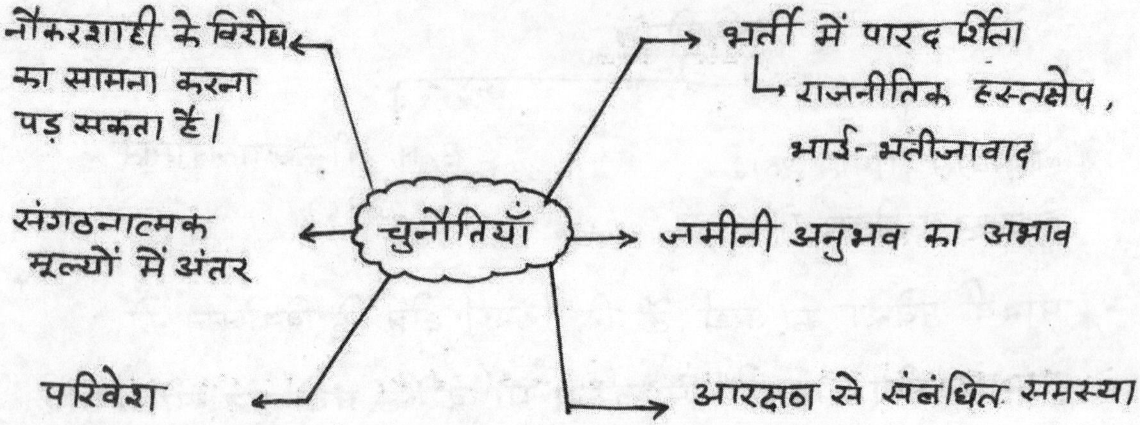

- लैटरल एंट्री अंतिम विकल्प नहीं है।

II ARC :- केन्द्र एवं राज्य दोनों स्तरों पर लैटरल एंट्री के लिए एक संस्थागत, पारदर्शी प्रक्रिया स्थापित की जानी चाहिए।

⇒ <u>सिविल सेवकों के बार-बार स्थानांतरित होने का मुद्दा</u>

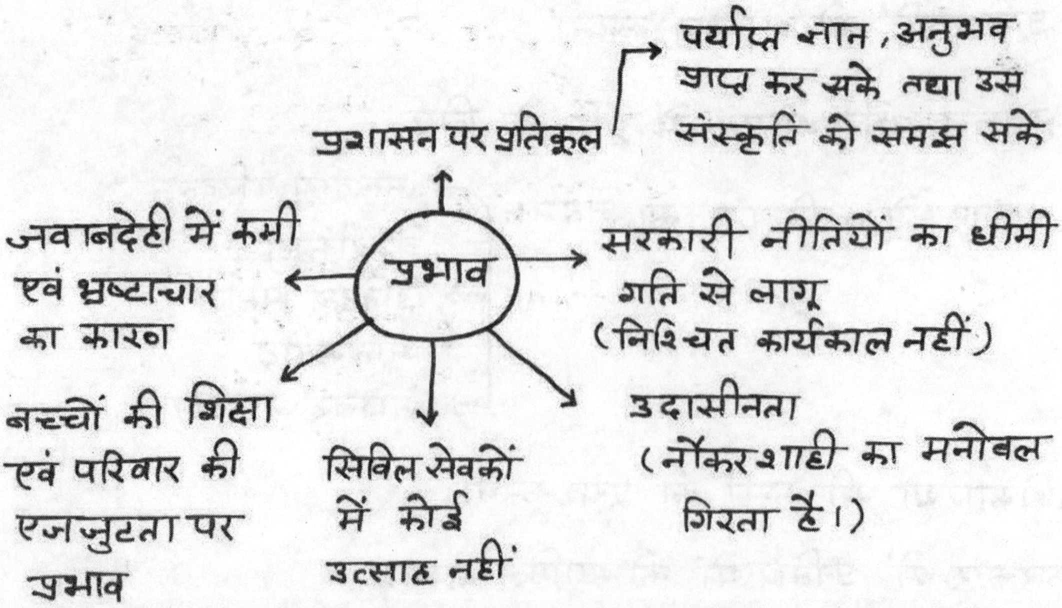

II ARC :- चुनाव के बाद नई सरकार का पहले कार्यों में से एक
↳ सिविल सेवकों का Transfer होता है।

पी.सी. होता समिति
↳ सिविल सेवा बोर्ड की स्थापना की सिफारिश

→ II ARC or T.S.R. सुब्रमण्यम 2013 - SC के निर्देशों के पश्चात सभी राज्यों के लिए ऐसे बोर्ड की स्थापना को अनिवार्य कर दिया गया।

→ उद्देश्य :- देश में उच्चस्तरीय सिविल सेवा अधिकारियों के स्थानांतरण और पदस्थापन को विनियमित करने हेतु एक पैनल गठित करना

महत्व
→ यह नौकरशाही को राजनीतिक हस्तक्षेप से सुरक्षा प्रदान करता है
→ निरन्तर स्थानांतरण की प्रवृत्ति पर रोक लगाता है।
→ अनुशंसात्मक प्रकृति है।

⇒ सिविल सेवक और सोशल मीडिया :-

महत्व :- नागरिक केन्द्रित शासन ↑
↳ सोशल मीडिया नागरिकों को प्रशासन से सीधे जोड़ता है।

(eg) दिल्ली पुलिस ट्विटर पर शिकायतों का तुरंत जवाब देती है।

• आम लोगों तक प्रशासन की आसान पहुँच

- जागरूकता में वृद्धि (सरकारी नीतियों और कार्यक्रम की)
  - ↳ पारदर्शिता + जवाबदेही ↑

- लोगों की शिकायत निवारण में सहायता
  - ↳ Real time citizen feedback mechanism
  - ↳ last mile delivery बेहतर होती है।

  eg) रेल मंत्रालय का ट्विटर अकाउंट

- सार्वजनिक सूचना का तीव्र प्रसार
  - eg) COVID-19, केरल बाढ 2018
  - ↳ Crisis governance

- व्यवहार परिवर्तन + जनजागरूकता + जनसहभागिता + सार्वजनिक चर्चा को प्रभावित करने का अवसर

<u>चुनौतियाँ</u> :- व्यक्तिगत विचारों की अभिव्यक्ति से सिविल सेवा की निष्पक्षता प्रभावित हो सकती है।

eg) ↳ All India service conduct Rule 1968

- Misinformation + FAKE News

- डेटा प्राइवेसी थ्रेट → साइबर सुरक्षा
  - ↳ संवेदनशील सरकारी डाटा लीक

- निजी राय और अधिकारिक जिम्मेदारी के बीच संतुलन कठिन
  - eg) निधि चौधरी (IAS) विवादित ट्विट

- अनामिता + गुमनामी का व्यवहारिक मूल्य (आत्म प्रचार)

- डिजिटल लत और समय प्रबंधन
  - ↳ प्रशासनिक दक्षता ↓
- संवेदनशील विषयों पर अनुचित पोस्ट
  - ↳ जाति, धर्म, सामाजिक मुद्दे etc → तनाव ↑
- सोशल मीडिया पर वरीष्ठ अधिकारियों या नीतियों की आलोचना
  - ↳ तो यह संगठनात्मक अनुशासन को तोड़ता है।
- कानून और नैतिकता की जटिलता
  - ↳ कोई बयान कानूनी रूप से चुनौती योग्य होता है।

आगे की राह

- digital code of conduct हो
  (social media code हो)
- capacity building and training
  (LBSANA जैसे संस्थानों में Responsible digital conduct पर प्रशिक्षण)
- fact chacking units का गठन
- +ve उपयोग को बढावा
- व्यक्तिगत accounts की बजाय अधिकारिक Accounts से सूचना साझा हो।
- टेक्नोलॉजी के साथ नैतिकता का समावेश
- साइबर सुरक्षा फ्रेमवर्क बनाना

डिजिटल नौकरशाही के Example (ई- office)

↳ न्याय आपके द्वार

↳ प्रेम प्रकाश मीणा (UP)

↳ स्वप्रिल टेम्बे (मेघालय)

(प्रोजेक्ट STAR)

स्कूल परिवर्तन

↳ UK civil service social media guidelines

↳

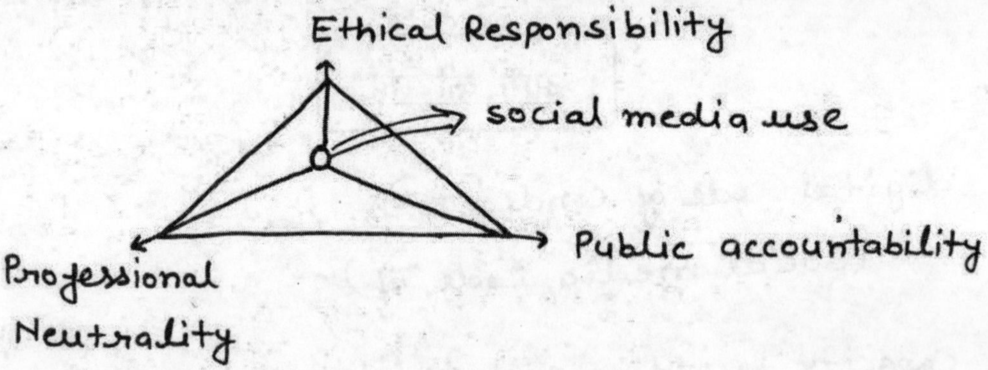

Govt. Int. (सिविल सुधार हेतु) + Example + Model + कमेटी

- II ARC :- राष्ट्रीय लोक प्रशासन संस्थानों की स्थापना की जाए
  ↳ प्रवेश के समय उन्हें प्रशिक्षण से गुजरना होगा।
- संवर्ग आधारित सिविल सेवा (CADER)
- केन्द्रीय सिविल सेवा आचरण नियम
- भ्रष्टाचार निवारण एक्ट 1988
- लोकपाल एक्ट 2013

- मिशन कर्मयोगी
  - ↳ यह राष्ट्रीय सिविल सेवा क्षमता विकास कार्यक्रम है।

उद्देश्य : रचनात्मक, सृजनात्मक, विचारशील, नवाचारी, अधिक क्रियाशील, प्रगतिशील, ऊर्जावान, सक्षम, पारदर्शी और प्रौद्योगिकी समर्थ बनाते हुए भविष्य के लिए तैयार करना है।

"न्यू इंडिया विजन"

↳ "i-GOT प्लेटफॉर्म"

- विशेष अभियान 5.0 (भारत में प्रशासनिक दक्षता हेतु)
  - ↳ DARPG द्वारा
  - ↳ अधिकारिक तौर पर लंबित मामलों के निपटान हेतु विशेष अभियान

- प्रतिभा सेतु
- राष्ट्रीय सिविल सेवा दिवस
- लैटरल एंट्री
- ई- समीक्षा, CPGRAM
- मध्यप्रदेश की "साइबर तहसील"
- 360° मूल्यांकन प्रणाली
  - ↳ में सहकर्मियों, अधीनस्थों और हितधारकों से गोपनीय फीडबैक शामिल होता है
- सहायक सचिव कार्यक्रम
  - ↳ नए IAS officers के लिए

<u>कमेटियाँ</u> :-

सुरेन्द्रनाथ समिति, बासवान कमेटी

- UPSC 2.0 सुधार
  (पूर्व RBI गवर्नर दुव्वुरी सुब्बाराव)

- UK के नोलन समिति के सात मूलभूत सिद्धान्त
  → निस्वार्थता → ईमानदारी → वस्तुनिष्ठता → जवाबदेही → पारदर्शिता → सत्यनिष्ठा

* Weberian Model
  → प्रशासन को नियम आधारित, तटस्थ और पदानुक्रमित होना चाहिए
  → भारत की सिविल सेवा संरचना इसी मॉडल पर

* <u>Good governance model</u> : वर्ल्ड बैंक

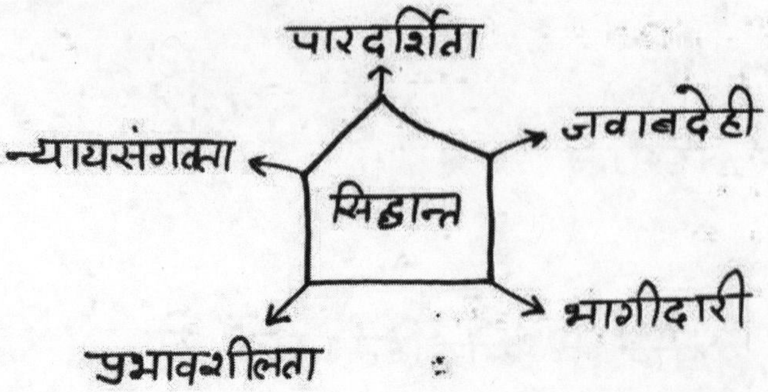

example → RTI, ई-गवर्नेंस
→ सिटीजन चार्टर

* मिशन कर्मयोगी मॉडल
  - iGOT कर्मयोगी प्लेटफॉर्म
    - कर्मचारियों को प्रशिक्षण
  - future ready civil servants

* Whole-of govt. Model
  - सरकार के सभी विभाग मिलकर एकीकृत नीति-निर्माण करते हैं।

  eg) भारत का आकांक्षी जिला कार्यक्रम (विभिन्न मंत्रालयों की संयुक्त भागीदारी)
  - Real time monitoring
  - data based governance

- सिंगापुर civil service
  - Meritocracy + zero corruption + Performance Pay system

- SDG-16
  - Peace, Justice & strong institutions के अनुरूप

- Nudge model
  - Policy में behavioral insights का प्रयोग
  - eg) स्वच्छ भारत मिशन
    एक पेड़ माँ के नाम अभियान
    बेटी बचाओ - बेटी पढाओ
  - UK Nudge unit

- SDG-16, गुड-गवर्नेंस ← → लोकतंत्र में सिविल सेवाओं का अंतिम उद्देश्य
  - ↳ निष्पक्ष + उत्तरदायी और नागरिक केन्द्रित शासन
  - → नीति क्रियान्वयन + जनसेवा वितरण योजना और समन्वय + प्रदर्शन और जवाबदेही
  - → नागरिक भागीदारी
  - ↓ नैतिकता
  - ← कुशलता (iGOT, कर्मयोगी प्लेटफॉर्म)

" किसी राष्ट्र की प्रगति उसके सिविल सेवकों की नैतिकता, क्षमता और दूरदृष्टि पर निर्भर करती है।

WB :- " Good governance is not about rules, its about participation"

अन्य महत्वपूर्ण तथ्य + Current Affairs

- ओडिशा की 5T पहल
  - ↳ शासन मॉडल

5T →
- Team work → विभिन्न विभागों एवं एजेंसियों का समन्वय
- Transparency
- Technology
- Time – समय पर सेवाएं
- परिवर्तन ↓ कामकाज में बदलाव लाना

नतीजा
स्कूलों का रूपान्तरण

Govt. स्कूलो में छात्रों की संख्या ↑

अब 6T हो गया
↳ New T → मंत्रियों को अधिक दौरा करने को

- मो सरकार पहल
  - मेरी
  - शासन कार्यक्रम

उद्देश्य
- सरकारी सेवाएँ प्रदान करने के तरीके में परिवर्तन लाना
- जवाबदेही और पारदर्शिता को बढावा (सार्वजनिक कार्यालयों में)
- एक वास्तविक समय में फीडबैक तंत्र है
  - समस्याओं की पहचान
  - सरकारी अधिकारियों के प्रदर्शन का आंकलन
- नौकरशाही से सत्ता को वापस जनता के हाथों में स्थानांतरित करना

- सकला मिशन
  - कर्नाटक राज्य सरकार
  - राज्य के नागरिकों को निर्धारित समय सीमा के भीतर सेवाओं की गारंटी प्रदान करने तथा उससे संबंधित और उसके प्रासंगिक मामलों के लिए
  - कर्नाटक नागरिक सेवाओं की गारंटी एक्ट 2011

- केरल राज्य योजना बोर्ड
  - योजनाओं की क्रियान्वयन की देखरेख

- "जन योजना अभियान" 'सबकी योजना सबका विकास अभियान'

उद्देश्य : ग्राम पंचायत विकास योजनाएँ तैयार करना और उन्हें एक website पर डालना है, जहाँ कोई भी व्यक्ति सरकार की विभिन्न योजनाओं की स्थिति को देख सकता है।

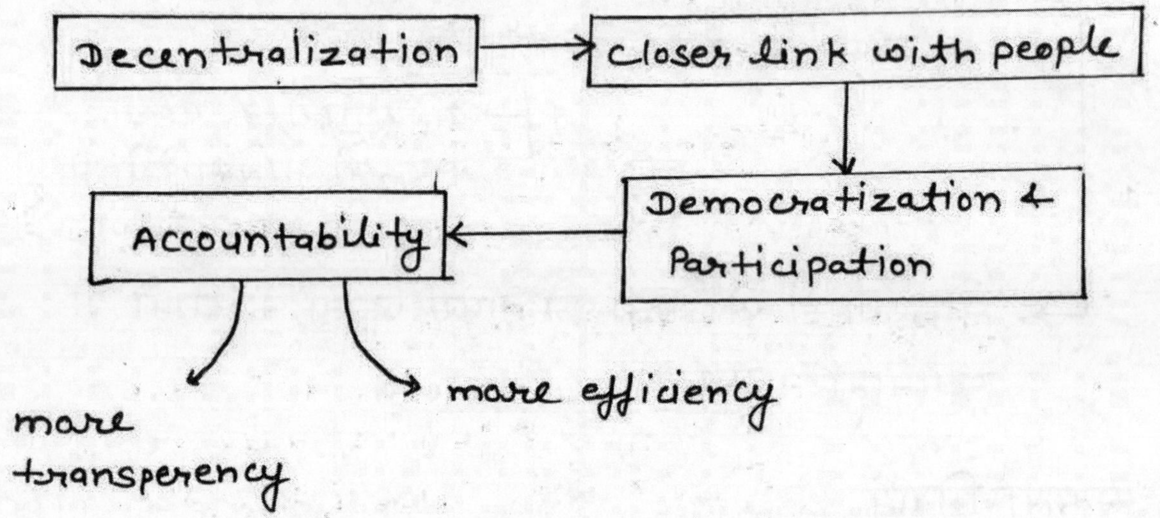

⇒ विश्व प्रेस स्वतंत्रता सूचकांक 2024

↳ रिपोर्टर्स विदाउट बॉर्डर्स द्वारा

India Rank 180 देशों में 159

संकेतक

राजनीतिक
आर्थिक
विधायी
सामाजिक
सुरक्षा

⇒ राजनीति का अपराधिकरण

- ADR Report
- 44% मौजूदा सांसदो पर अपराधिक मामले दर्ज हैं
- 29% पर गंभीर अपराधिक मामले दर्ज हैं।
  - हत्या
  - महिलाओं के खिलाफ

⇒ My gov प्लेटफॉर्म

- नीति निर्माण में नागरिकों की सहभागिता
- शुरू किए गए अभियान
  - Life
  - स्टे सेफ अभियान → online जोखिम, साइबर सुरक्षा
  - मिलेट्स सुपर फुड

तीन स्तंभ

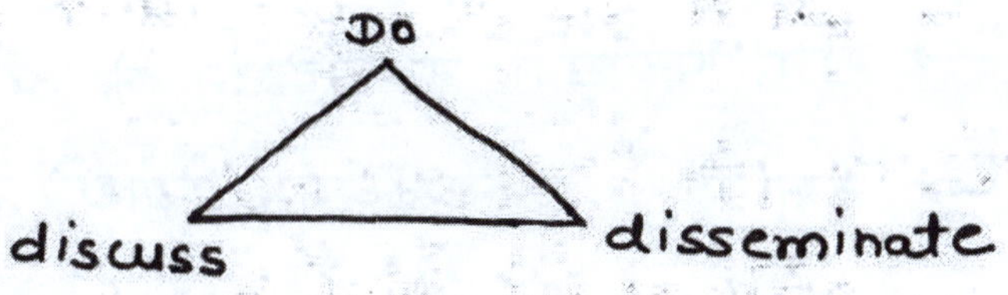

- Do → प्रोत्साहित करना
  - eg) प्रश्नोत्तरी, इनोवेट इंडिया पहल
  - self for society प्रोग्राम, साथी पहल
- Discuss → चर्चा करना
  - → मन की बात
  - → परीक्षा पे चर्चा
  - → रेडियो कार्यक्रम

- Disseminate (प्रसार)

Blog My gov.OTT

⇒ MPLADS ई-साक्षी mobile Application

↳ MOSPI ने

↳ के तहत परियोजनाओं को प्रस्तावित करने, ट्रेक करने और देखरेख करने में सक्षम बनाएगा।

⇒ करप्शन परसेप्शन Index CPI 2023

- ट्रांसपेरेंसी इंटरनेशनल द्वारा
- 180 देशों में 93 Rank
- 2022 - 85 Rank

⇒ पंचायत प्रगति सूचकांक

↳ ग्राम पंचायतों के प्रदर्शन के आकलन करने

↳ देश में 2.5 लाख ग्राम पंचायते हैं।

⇒ संसद भाषिणी पहल - Meity

↳ संसद से जुड़े कार्यों के लिए

↳ AI use

⇒ शिकायत निवारण मूल्यांकन और सूचकांक

↳ DARPG

चार आयाम
→ दक्षता
→ फीडबैक
→ डोमेन
→ संगठनात्मक प्रतिबद्धता

- अलग-2 संगठनो में शिकायत निवारण तंत्र के सबल पक्ष एवं सुधार वाले क्षेत्रों को रेखांकित करना

⇒ कॉमन सर्विस सेंटर्स
- → राष्ट्रीय ई-गवर्नेंस योजना का एक स्तंभ
- → ये भारत में ग्रामीण क्षेत्रों के नागरिकों को एकीकृत तरीके से सरकारी निजी और सामाजिक क्षेत्रक की सेवाएँ उपलब्ध कराने वाले निकटस्थ केन्द्र हैं।

⇒ संपूर्णता अभियान
- → यह आकांक्षी जिलो में 6 प्रमुख संकेतको और आकांक्षी ब्लॉकों में भी 6 प्रमुख संकेतकों के शत-प्रतिशत सफलता प्राप्त करने का अभियान है।

⇒ ई-दाखिल Portal
- Online platform है
- उपभोक्ता शिकायत प्रक्रिया को सरल बनाता है
- online शिकायत दर्ज और ट्रेक

⇒ पंचायत से पार्लियामेंट 2.0
- → पंचायती राज संस्थाओं में अनुसूचित जाति की निर्वाचित महिलाओं के प्रतिनिधित्व को सशक्त बनाना है।

⇒ विकसित पंचायत कर्मयोगी पहल

⇒ विकसित पंचायत कर्मयोगी पहल

उद्देश्य : पंचायती राज संस्थाओं की क्षमता बढ़ाना और उन्हें योग्य बनाना है

- "प्रशासन गाँव की ओर" अभियान के तहत
- विकेन्द्रीकृत शासन और जमीनी स्तर पर निर्णय को बढ़ावा देता है।

⇒ ई-कोर्ट मिशन मोड प्रोजेक्ट

- एकीकृत प्रौद्योगिकी प्लेटफॉर्म का निर्माण
- ई-सेवा केन्द्र
- S3WAAS प्लेटफॉर्म
- CLASS system

⇒ अमृत ज्ञान कोष पोर्टल

- iGOT प्लेटफॉर्म पर

उद्देश्य : शिक्षकों को सशक्त बनाना और पूरे भारत में लोक प्रशिक्षण की गुणवत्ता को बढ़ाना है

⇒ डिजिटल ब्रांड आइडेंटिटी मैनुअल → Meity

- यह पहल सरकारी website को सरल और मानकीकृत बनाने पर केन्द्रित है।

उद्देश्य : सेवा वितरण को प्रभावी बनाना

- यह यूनिफॉर्म गवर्नेंस की शुरुआत करके "न्यूनतम सरकार अधिकतम शासन" के दृष्टिकोण को बढ़ावा देगा।

⇒ डिजिटल क्रिमिनल केस मैनेजमेंट सिस्टम (CCMS)

- गृह मंत्रालय

मदद से NIA कर्मी आतंकवाद और संगठित अपराध के मामलों में बेहतर समन्वय कर सकेंगे।

⇒ डीरेगुलेशन कमीशन का गठन करेगी सरकार

- गवर्नेंस में राज्य की भूमिका को सीमित रखने के लिए
- जनविश्वास विधेयक 2.0 (बजट 2025-2026)
  - ↳ विनियामकीय बोझ को कम करना
  - ↳ Ease of doing business को बढावा देना

अन्य
↳ USA में DOGE
  ↳ Dept. of govt. efficiency

- यूनाइटेड किंगडम
  ↳ बेहतर विनियमन फ्रेमवर्क
- न्यूजीलैंड
  ↳ विनियमन मंत्रालय

महत्व : आर्थिक संवृद्धि को बढावा - 8% वृद्धि के लिए निवेश दर से बढाकर 35% करने की आवश्यकता है।

11 सिविल सोसायटी या नागरिक समाज

World Bank :- सिविल सोसायटी वस्तुत: संगठनों, सामुदायिक समूहों, NGO, धार्मिक संगठनों, श्रमिक संघ पेशेवर संघो और प्रतिष्ठानों के एक विस्तृत समूह को संदर्भित करता है।

eg एमनेस्टी International
WWF
ग्रीनपीस

SPIC- MACAY :- युवाओं के बीच भारतीय शास्त्रीय संगीत और संस्कृति को बढावा देने वाला एक समाज है।

• सहभागितामूलक लोकतंत्र ↑ जिसमें जनता की नीति- निर्धारण या निर्माण व उनके क्रियान्वयन में सभी स्तरों पर भागीदारी होती है।

सरकार ← सिविल सोसायटी → जनता

प्रकार :- पंजीकृत सोसायटी
• धमार्थ संगठन तथा न्यास
• SHG
• सहकारी समितियाँ
• समुदाय आधारित संगठन
• श्रमिक संघ etc

भारत में नागरिक समाज के लिए नियामक ढांचा

- सोसायटी पंजीकरण Act 1860
  - → साहित्यिक
  - → वैज्ञानिक
  - → धमार्थ उद्देश्यों के लिए
- भारतीय ट्रस्ट Act 1882
- कंपनियाँ
  - ↳ शिक्षा + सामाजिक + कल्याण + पर्यावरण आदि जैसी गैर लाभकारी गतिविधियों के लिए
- FCRA Act 2010

लोकतंत्र में नागरिक समाज की भूमिका

- जवाबदेही सुनिश्चित करना
  - eg मजदूर किसान शक्ति संगठन (राजस्थान RTI Act 2005)
  - ↳ चुनावों में निगरानी, धोखाधड़ी का पता लगाने etc
- नागरिको को सशक्त बनाना और लोकतांत्रिक मानदंडो को बढ़ावा देना
  - ↳ नागरिकों को कानूनों और अधिकारो और शासन के बारे में शिक्षित करना
- महिला सशक्तिकरण
  - eg ↳ प्राइड इंडिया → अनुसंधान, डेटा संग्रहण (के माध्यम से महिला अधिकारो की वकालत)
  - eg सेवा (SEWA)
  - eg सामाजिक विज्ञान संस्थान के "महिला राजनीतिक सशक्तिकरण कार्यक्रम"
    - ↳ पंचायती राज संस्थाओं ↑

- नेतृत्व विकास + प्रतिनिधित्व
  - ↳ भावी राजनीतिक नेताओं के लिए प्रशिक्षण स्थल के रूप में कार्य
- सुधारों और सार्वजनिक सेवा वितरण का समर्थन
  - → आर्थिक एवं राजनीतिक सुधारों से जनमत जुटाना
  - → आपदा प्रबंधन या संकट प्रबंधन

  (eg) COVID-19 के दौरान गूंज से कमजोर –

  – समुदायों का समर्थन करने के लिए राहत पहल शुरू की
- वैश्विक शासन
  - ↳ घरेलू नीतियों को आकार देने + पर्यावरण संबंधी

<u>चुनौतियाँ</u>

- लोकतांत्रिक मूल्यों को कमजोर करना
  - ↳ निजी हितों, नस्लवाद, कट्टरवाद को बढावा
- विदेशी फंडिंग + वित्तपोषण बाधाएँ
  - FCRA 2010 ↳ फंडिंग पर निर्भर
- आंतरिक अलोकतंत्र + बाह्य हस्तक्षेप + सांस्कृतिक असंवेदनशीलता + अपर्याप्त प्रतिनिधित्व
- राजनीतिक और प्रशासनिक बाधाएँ
  - ↳ सरकारी दबाव एवं नीतियाँ
  - ↳ NGO को FCRA के तहत पालन

- Awareness gap + प्रभाव एवं पारदर्शिता का मुद्दा
  - ↳ NGO फंड का सही use नहीं करना

- तकनीकी एवं डिजिटल विभाजन + शहरी-ग्रामीण अंतर

CSO (नागरिक समाज संगठन) की भूमिका बढ़ाने के लिए उपाय

- पारदर्शिता और जवाबदेही बढ़ाएँ
  - → स्वैच्छिक तृतीय पक्ष ऑडिट
  - → वित्तीय रिपोर्ट
  - → social audit
  - → कार्यक्रम आंकलन
  - → प्रभाव आंकलन
  - → CSO डाटाबेस विकसित

- साक्ष्य-आधारित नीति निर्माण का समर्थन करे
  - → सरकारी समितियों, परामर्श मंचो पर प्रतिनिधित्व
  - → निर्णय लेने में CSO डाटा का उपयोग

- वित्त पोषण स्त्रोतो में विविधता लाए
  - ↳ CSR

- नियामक ढाँचे को सरल बनाना
  - eg FCRA को सरल बनाना
  - → एकल खिड़की डिजिटल प्रणाली

- सामुदायिक सेवा को शिक्षा में एकीकृत करे + स्वयंसेवको का डेटाबेस बनाए रखे और स्वयंसेवको को नागरिक समाज संगठनों से जोड़ना

- क्षमता निर्माण + डिजिटल एवं तकनीकी सुधार + नीतिगत सहयोग + क्षेत्रीय समावेशन SDG Index

12 गैर – सरकारी संगठन (NGO)

सरकार — NGO — जनता

- एक निजी संगठन होता है।
- ये किसी सार्वजनिक उद्देश्य को लक्षित होते हैं।
- तीन वर्ग

  NGO
  - सोसायटी पंजीकरण एक्ट 1860
  - भारतीय ट्रस्ट Act 1882

- भोजन का अधिकार (पीपुल्स यूनियन फॉर सिविल लिबर्टीज बनाम भारत संघ 2001)
- शिक्षा का अधिकार
- RTI (मजदूर किसान शक्ति संगठन) (MKSS)
- ADR → चुनावी बॉंड रद्द, PIL, चुनावी एवं राजनीतिक सुधार
- भारत में सबसे अधिक NGO में से केवल 10% ही अपनी वार्षिक आय और व्यय का विवरण दाखिल करते हैं
- IB Report

  ↳ सरकार के कामकाज के खिलाफ विरोध के नाम पर कुछ NGO द्वारा किए जा रहे काम देश के विकास के लिए हानिकारक साबित हुए हैं।

  GDP 2-3% Loss

भारतीय लोकतंत्र में NGO की भूमिका

NGO की भूमिका

- अंतर को भरना → (अंतर भरना- ऐसे कार्य जिनको राज्य नहीं कर रहा)
- सहभागी शासन में भूमिका (RTI, RTE 2009, EPA 1986)
- सामाजिक न्याय व समावेशन में
- अधिकार संबंधी भूमिका
- जागरूकता + सेवा प्रदाता
- आपदा प्रबंधन में (गूंज NGO- क्लॉथ फॉर work)
- दबाव समूह के रूप में कार्य करना
- नीति निर्माण में सहयोग (NGO प्रथम-असर रिपोर्ट)
- पारदर्शिता, जवाबदेही को बढ़ावा (RTI आंदोलन में)
- जनता को शिक्षित करना
- कल्याणकारी योजनाओं का क्रियान्वयन

जिम्मेदारियाँ :- लोकतंत्र और गवर्नेंस को मजबूत करना

eg ADR
- → चुनावी एवं राजनीतिक सुधार
- → PIL
- → चुनावी बॉन्ड रद्द

eg सोसायटी फॉर पार्टिसिपेटरी रिसर्च इन एशिया (PRIA)

- कुपोषण की समस्या का समाधान के लिए पीएम पोषण पहल का क्रियान्वयन
  - ↳ सरकारी प्रयासों के पूरक

eg अक्षय पात्र फाउंडेशन

- मानवाधिकारों की रक्षा
  - ↳ बचपन बचाओ आंदोलन (NGO) कैलाश सत्यार्थी
- महिला सशक्तिकरण
  - ↳ SEWA (अनौपचारिक क्षेत्रक में कार्यरत महिलाओं के प्रशिक्षण, वित्तीय सेवाएँ, कानूनी सहायता प्रदान)
- हाशिए पर मौजूद वर्गों का प्रतिनिधित्व
  - (eg) नाज फाउंडेशन HIV/AIDS
    - ↳ LGBTQ
- गरीबी उन्मूलन
  - ↳ NGO गूंज
- शिक्षा और क्षमता निर्माण
  - (eg) NGO प्रथम ने भारत में वंचित बच्चों हेतु गुणवत्ता पूर्ण शिक्षा के लिए काम
- स्वास्थ्य में सुधार
  - (eg) मेडेसिन्स सैन्स फ्रंटियर्स – (TB-HIV)
- R&D
  - ↳ ऑक्सफेम / WEF
- विरासत का संरक्षण
  - (eg) INTACH → Indian National trust for Art and cultural heritage

- पर्यावरण का समर्थन

  eg) WTI, WWF, BI, ग्रीनपीस, BNHS

  पर्यावरण शिक्षा केन्द्र

- सामाजिक जागरूकता + सामाजिक नवाचार (सुलभ इंटरनेशनल का स्वच्छ भारत मिशन मॉडल)

  eg) CRY (Child Rights and you)

- संवेदनशील वर्गों का सशक्तिकरण + NGO-सरकार सहयोग

मुद्दे

- धन का दुरुपयोग → आतंकवाद / कट्टरपंथ
  (विदेशी अंशदान का)
- फंडिंग का बाहरी मुद्दा (कुडनकुलम विरोध प्रदर्शन)
- आर्थिक और सामरिक पहलों में संभावित हस्तक्षेप
- गैर जवाबदेह, अपारदर्शी और अलोकतांत्रिक प्रणाली
- पुरानी संस्कृतियों के अतिक्रमण (PETA जनहित - जल्लीकट्टू)
- सरकार पर अधिक निर्भरता (बोलने की मुश्किल)
- अपर्याप्त प्रशिक्षित श्रमिक
- धन शोधन (विश्वसनीयता में कमी)
- जवाबदेही की कमी (कार्यों + वित्तीय गतिविधियों की ट्रेकिंग नहीं)
- ग्रामीण क्षेत्रों में NGO का अभाव

अन्य :- नियामक ढांचे की जटिलता

सोसायटी Act + Trust act etc

NGOs की कार्यप्रणाली में सुधार हेतु सुझाव

सुझाव

- → NGO के प्रयासों की सराहना करना
- → विनियमनों से छूट
- → जाँच एजेंसी (पर्यवेक्षण, निगरानी)
- → जागरूकता ↑
- → सहयोग और सहभागिता
- → ग्रामीण क्षेत्रों पर फोकस
- → प्रौद्योगिकी तक पहुँच
- → कार्मिकों के लिए प्रोत्साहन

महिला सशक्तिकरण में NGO

- प्रशिक्षण एवं कौशल विकास

eg NGO यूथ फॉर सोशल development

(किशोरी शक्ति प्रोजेक्ट)

↳ (प्रवासी महिलाओं को शिक्षित)

- कानूनी जागरूकता और संपत्ति अधिकार

eg NGO प्रधानमंत्री महिला शक्ति केन्द्र

- ऋण का वैकल्पिक स्रोत
- निष्पक्ष व्यापार को बढ़ावा

  (eg) श्री महिला गृह उद्योग (लिज्जत पापड़)

- क्षमता निर्माण पहल - प्रशिक्षण एवं कौशल

  (eg) NGO - सहयोग

- SEWA (स्वयं नियोजित महिला संघ)

  अहमदाबाद

अन्य

- (eg) मकाम (महिला अधिकार किसान मंच)
- (eg) आजाद फाउंडेशन

⇒ विदेशी अंशदान विनियमित Act 2010 (FCRA) - संशोधन 2020 में

- → NGO के विदेशी वित्तपोषण को विनियमित
- → कार्यान्वयन - गृह मंत्रालय
- → संगठनों को हर 5 साल में अपना पंजीकरण करवाना आवश्यक है
- → FCRA के तहत पंजीकृत होना जरूरी विदेशी अनुदान लेने के लिए
- → लाइसेंस एक समय अवधि के लिए
- → 20% धन ही प्रशासनिक कार्यों के लिए
- → दिल्ली में स्थित SBI की एक शाखा के खातों से ही अनुदान प्राप्त करना होगा, उसके बाद दूसरे खाते में डाल सकते हैं।

पांच उद्देश्य
- सामाजिक
- शैक्षिक
- आर्थिक
- धार्मिक
- सांस्कृतिक

पाबंदी
- चुनावी उम्मीदवार
- अखबारों के संपादक
- जज
- Govt. कर्मचारी
- राजनीतिक दल

- बडे NGO उस धन को छोटे NGO को Transfer नहीं कर पाते हैं।
- NGO : विजय कुमार समिति
  ↓
  ऐसा फ्रेमवर्क विकसित किया जाना चाहिए जो NGOs की परिचालन संबंधी स्वतंत्रता और निगरानी के बीच संतुलन स्थापित करे
- II ARC सिफारिशें
  - FCRA के कार्यान्वयन का विकेन्द्रीकरण
- Govt पहल
  - FEMA
  - FCRA
  - सातवीं अनुसूची
  - Art-19(c)
- NGO दर्पण पॉर्टल
  ↳ पर पंजीकृत NGO को एक विशिष्ट ID प्रदान करता है।
- वित्त पोषण का प्रावधान
  ↳ Govt. स्कीम के क्रियान्वयन के लिए

(eg) स्वाधार एवं उज्ज्वला स्कीम

13 स्वयं सहायता समूह (SHG)

- सामान्यतः एक ही सामाजिक-आर्थिक पृष्ठभूमि से आने वाले लोगों का एक स्वैच्छिक संगठन SHG कहलाता है।
  (10-20 लोग)

- जिसके सदस्य एक-दूसरे के सहयोग के माध्यम से अपनी साझा समस्याओं का समाधान करते हैं।

SHG
→ आपसी विश्वास एवं समर्थन
→ सामूहिक जिम्मेदारी
→ सर्वसम्मति पर आधारित निर्णयन प्रक्रिया
→ सबकी बराबरी जवाबदेही

<u>महत्व</u> • आर्थिक दृष्टि से

→ समावेशी वृद्धि + SHG ग्रामीण अर्थव्यवस्था में Micro level economic engine के रूप में काम करता है।
→ वित्तीय समावेशन में + आर्थिक निर्भरता + छोटी बचतों के लिए प्रोत्साहन
→ आसानी से बैंकिंग ऋण अतः साहूकारों तथा अन्य गैर संस्थागत स्त्रोतों पर कम निर्भरता + वित्तीय जागरूकता
→ वंचित वर्गों को बैंकिंग सुविधाओं तक जोड़ता है।

- महिला सशक्तिरण
  → महिलाओं की सामाजिक स्थिति में सुधार
  → घरेलू हिंसा रोकने में भूमिका
  → पुरूषवादी मानसिकता में बदलाव का आधार

→ महिलाओं को छोटे उद्यमों के माध्यमों से रोजगार के लिए प्रेरित करना

→ अधिकारों संबंधी महिलाओं में जागरूकता का प्रसार

(eg) केरल की कुटुम्ब श्री

- सामाजिक मुद्दों पर जागरूकता
- स्वास्थ्य एवं जीवन स्तर में सुधार
- सामुदायिक भागीदारी एवं सामाजिक सहिष्णुता को बढावा
- शासन और लोकतंत्र में योगदान

  → सहभागी सरकार + social Audit + community monitoring

(eg) कई राज्यों में SHG ने PDS वितरण पर निगरानी

- ग्रामीण विकास को बढावा

  → ग्रामीण अर्थव्यवस्था ↑

  → Bottom up development

  → ग्रामीण औद्योगिकीकरण

(eg) जीविका SHG बिहार

- उद्यमिता विकास

  → SHG सदस्य micro-enterprises चलाकर स्थानीय उत्पादों को बाजार तक पहुंचाते हैं।

- SDG की प्राप्ति में सहायक

  → SDG-1

  → SDG-5

  → SDG-10

- मानव पूंजी और क्षमता निर्माण
  - → SHG सदस्यों को skill training, digital literacy ↑

(eg) सामाजिक न्याय और समावेशन + डिजिटल सशक्तीकरण + पर्यावरणीय स्थिरता + संकट प्रबंधन + नीति निर्माण में COVID-19 (मास्क)

चुनौतियाँ

- जाति एवं लिंग आधारित भेदभाव
- कुशल मानवीय संसाधन का अभाव
- जटिल कार्य प्रणाली
- प्रशिक्षण की कमी + skill गैप
- संस्थागत नोडल एजेंसी नहीं
- SHG के प्रसार में असमानता (दक्षिण में ज्यादा)
- समन्वय में कमी
- अपर्याप्त वित्तीय सहायता + NPA की समस्या
- बाजार संपर्कों का अभाव
- कमजोर वित्तीय प्रबंधन

<u>अन्य</u> :- बाजार संपर्क में कमी
- → SHG द्वारा बनाए गए उत्पादों के लिए stable market access, branding और value-addition की कमी होती है

<u>आगे की राह</u> :- क्षमता निर्माण और कौशल विकास + शिक्षा के स्तर ↑
- → महिलाओं के लिए वित्तीय साक्षरता + उद्यमिता + डिजिटल साक्षरता और लीडरशिप ट्रेनिंग कार्यक्रमों का विस्तार

(eg) केरल कुटुम्ब श्री मिशन

- डिजिटल सशक्तिकरण (E-SHG)

↳

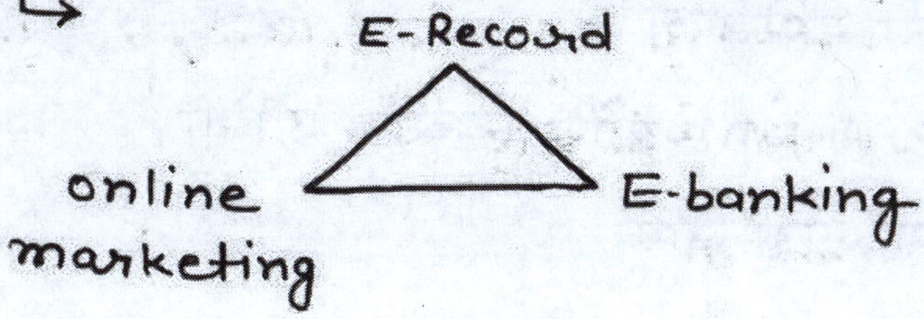

(eg) केन्या का m-पेसा मॉडल
(महिलाओं को डिजिटल माइक्रोफाइनेंस से जोड़कर उनकी वित्तीय स्थिति में सुधार किया है।)

- लघु उद्योगों की शिक्षा प्रदान करना
- ग्रामीण क्षेत्रों में बैंको को open करना होगा
- बाजार संपर्क एवं मूल्य श्रृंखला एकीकरण
  ↳ SHG उत्पादों की branding, packaging, certification से national & global market में पहुँचाना

(eg) झारखंड सरकार की JSLPS (Aajeevika) पहल के तहत SHG के उत्पाद अब पलाश ब्रांड के तहत अमेजन, फ्लिपकार्ट और रिलायंस जैसे- E-कॉमर्स प्लेटफॉर्म पर बेचे।

From microcredit to microenterprise

- समूहों का संघटन मॉडल (export oriented)
  ↳ LOCAL TO GLOBAL Model
  ↳ छोटे SHG को जोड़कर Producer company बनाया जाए

(eg) महाराष्ट्र का उमेद अभियान

- सरकारी योजनाओं से अभिसरण

  SHG को PMEGP, PMFME और स्टार्टअप इंडिया जैसी योजनाओं से जोड़ा जाए।

  eg) ड्रोन दीदी योजना

- सामाजिक जागरूकता और लैंगिक दृष्टिकोण → SDG-5, → SDG-8
  → SHG - social change agent

- निगरानी और पारदर्शिता
  → social audit + third party जाँच etc

- PPP मॉडल
  → CSR
  eg- टाटा ट्रस्ट

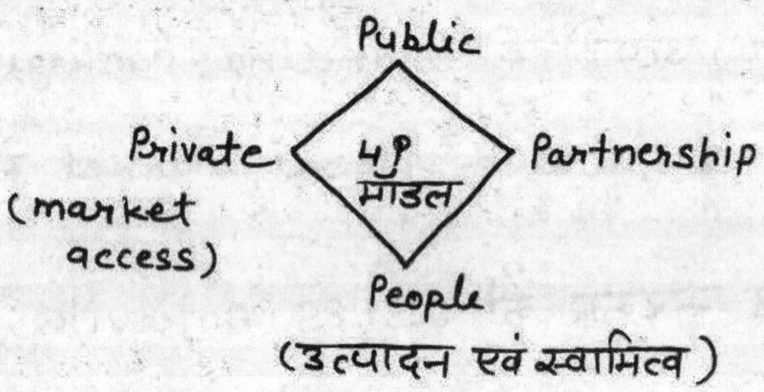

- पर्यावरण अनुकूल दृष्टिकोण (ग्रीन इकॉनोमी)
  → organic फार्मिंग + waste प्रबंधन + eco friendly Product

- DATA + AI based performance monitoring system
  → smart SHG model
  → unique ID
  → Data-driven गवर्नेंस

- Youth-women Convergence model (नवीन model)
  → YUVA-SHG पार्टनरशिप

Example + case-study + model

- 'पेलुगु कार्यक्रम'
  - → आंध्रप्रदेश
  - → SHG के माध्यम से ग्रामीण समुदायों का उत्थान किया है।

- राजस्थान में "आजीविका परियोजना"
  - → पारंपरिक शिल्प को बढावा
  - → बाजार
  - → संपर्क
  - → कौशल विकास
  - → प्रशिक्षण

- केरल में 'कुटुम्बश्री' का गठन
  - → महिलाओं की गरीबी से निकलने में मदद

- दीन-दयाल अंत्योदय योजना - राष्ट्रीय ग्रामीण आजीविका मिशन
  - → मिशन ने पूरे भारत में 9M से अधिक SHG के गठन का समर्थन किया है।

- प्रियदर्शिनी योजना - नाबार्ड की
  - → SHG के माध्यम से महिला सशक्तिकरण और आजीविका में वृद्धि करना

Govt.

- SHG को प्राथमिकता प्राप्त क्षेत्र के अन्तर्गत शामिल
- SHG bank लिंकेज योजना
  - → नाबार्ड की

- महिला आर्थिक विकास महामंडल (MAVIM)
  - → महाराष्ट्र में
  - → महिलाओं के SHG गठन के माध्यम से प्रशिक्षण ऋण सुविधाएँ etc.

- SEWA (स्व रोजगार महिला संघ)
  - → एक ट्रेड यूनियन और महिला सहकारी संस्था है।

- बंधन - कोननगर (NGO)
  - → SHG गठन → women, → गरीबी उन्मूलन

- उन्नति SHG
  - → हरियाणा → हस्तशिल्प
  - Block printing → हैंडलूम इंडिया, → D-junk, Hava tax, → kosha-AI

- नारी शक्ति महिला संघ
  - (eg) घरेलू हिंसा / शराबखोरी

- उत्पाद और सेवाएँ
  - (eg) mp में बुनकर विकास संस्था → बीमा, स्वास्थ्य, साक्षरता

- पाल्मा महिला SHG

- शारदा आजीविका SHG (mp) "मन की बात" में जिक्र
  - → बड़ी मात्रा में तालाब की गाद निकाली
  - → तालाब से गाद निकाली उसका उपयोग बंजर जमीन पर fruit forest तैयार करने के लिए किया

- घुरारी नदी – झाँसी बुंदेलखंड
  - → SHG women → नारी शक्ति → जल शक्ति
  - → जल सहेलियाँ
    - ↳ बारिश में बालू भरकर चेकडेम तैयार किया (बारिश का पानी बर्बाद होने से रोकना)

- A&N
  - ↳ Virgin coconut oil को GI tag
  - ↳ SHG बनाए women ने
    - marketing, branding की स्पेशल ट्रेनिंग

14 दबाव समूह / हित समूह

- जब कोई संगठन अपने सदस्यों के हितों की पूर्ति के लिए राजनीतिक सत्ता को प्रभावित करता है और उनकी पूर्ति के लिए दबाव डालता है तो उस संगठन को दबाव समूह कहते हैं।
- राजनीतिक प्रक्रिया में भाग नहीं लेते हैं।
- चुनाव नहीं लड़ते
- एक विचारधारा नहीं, न ही राजनैतिक शक्ति

प्रकृति

- → संरचनात्मक दबाव समूह (Govt. officer, worker)
- → उद्देश्य समूह (पर्यावरण, मानव अधिकार जैसे विषय पर) - eg नर्मदा बचाओ आंदोलन
- → बहुधार्मिक
- → जाति समूह आधारित
- → कुछ सामाजिक संरचना पर आधारित
  eg भारतीय दलित महासभा
  तमिल संघ
- → प्रदर्शनात्मक समूह
  - हिंसा
  - प्रदर्शन

eg फिक्की, एसोचैम, CII – व्यवसायी समूह / संघ

प्रकार

- → एसोसिएशन समूह
  - → विशेषज्ञ
  - → AITUC
  - → शिक्षक संघ
- → संस्थागत समूह – IAS, IPS एसोसिएशन
- → असामाजिक समूह

- ये सरकार पर दबाव डालकर लोकनीति को बदलने की कोशिश करते हैं।
- दबाव समूह किसी विचारधारा से अप्रभावित रहते हैं।
- ये विशेष मुद्दो पर ध्यान केन्द्रित, एक व्यक्ति एक समय में अनेक दबाव समूहों का सदस्य हो सकते हैं।

<u>कार्यपद्धति</u> :- अपने हितों का प्रचार-प्रसार

- लोगो के साथ वार्ताए
- लॉबिंग, प्रदर्शन हड़तालें, याचना, धरना सरकार एवं अधिकारियों के साथ वार्ता

- ये अपनी मांगो को पूरा करने के लिए संबंध संस्थाओ व सरकार पर दबाव डालते हैं।
- <u>औपचारिक दबाव समूह</u> :- व्यवसाय समूह, व्यापार संगठन रोजगार संघ, किसान संगठन आते हैं।
- <u>अनौपचारिक दबाव समूह</u> :- धर्म, जाति, जनजाति, भाषा एवं परम्परागत सामाजिक ढाँचे पर आधारित दबाव समूह आते हैं।

<u>दबाव समूहों के प्रसार के कारण</u>

- Vote bank की राजनीति
- राजनीति का अपराधिकरण
- सरकार का उदासीन रवैया

- खराब सार्वजनिक सेवा वितरण
- वैश्वीकरण
- अकुशल शिकायत निवारण तंत्र

- इसके माध्यम से नीति निर्माताओं को पता चलता है कि कुछ विशेष मुद्दों पर जनता क्या अनुभव करती है।

  (eg) RTI, RTE, वन अधिकार Act 2006

- विविध मुद्दों को उठाना
  ↳ पर्यावरण + महिलाओं के खिलाफ

  (eg) SEWA जैसे महिला संगठनों ने महिला हितैषी कानूनों के लिए अभियान चलाया है।

- नीति निर्माण में वैकल्पिक दृष्टिकोण प्रदान करते हैं।
  → सरकार की Evidence based policy formulation में सहायता करते हैं।
  → CII, FICCI ने Make in India और Startup India जैसी नीतियों पर सुझाव दिए।

- जनसहभागिता शासन ↑
  ↳ Pluralist model of democracy
  (जहाँ विभिन्न समूह सत्ता पर नियंत्रण का संतुलन बनाए रखते हैं)

- उत्तरदायी + जवाबदेह शासन ↑

  (eg) MKSS → RTI Act 2005 की नींव

  (eg) भ्रष्टाचार विरोधी आंदोलन

- हाशिए पर बड़े वर्गों की आवाज

  (eg) SEWA

  भारतीय किसान संघ (MSP + कृषि नीति)

- Policy correction and Review function –

  ↳ नए विचार + नवाचार

  (eg) RTE में NGO की भूमिका

  (eg) नर्मदा बचाओ आंदोलन

  ↳ 'sustainable development' दृष्टिकोण

  (eg) CSE ने ग्रीन रेटिंग Project शुरू

<u>दबाव समूहों की भूमिका</u> :-

जनता ← (दबाव समूह) → सरकार

↓

आम लोगों की आवाज का प्रतिनिधित्व करना

- इन समूहों में अलग-अलग क्षेत्रों के विशेषज्ञ शामिल होते हैं जो सरकार को समाज के सुधार के लिए कार्य करने के लिए प्रासंगिक जानकारी प्रदान करते हैं।
- सरकार के लिए वैकल्पिक स्त्रोत के रूप में कार्य
- सामाजिक पूंजी को मजबूत (eg) चिपको मूवमेंट

- सामाजिक एकता
  - → conflict management tool
- राजनीतिक जागरूकता + जनमत को प्रभावित करना
- कार्यपालिका पर दबाव + नौकरशाही को प्रभावित करना
- न्यायपालिका को प्रभावित करना
- Internal + global governance Role

  (eg) oxfam + एमनेस्टी international

<u>लोकतंत्र में दबाव समूहों की भूमिका</u>

- शासन को one-way न बनाकर two way communication
- ये लोगों को राजनीतिक प्रक्रिया में भाग के लिए प्रोत्साहित करते हैं।
- मतदाताओं को शिक्षित करते हैं
- जाँच एवं संतुलन पर आधारित
- राजनीतिक शिक्षा + लोकतंत्र को मजबूत
- अल्पसंख्यकों को आवाज देना
- सरकार की जवाबदेही

  (eg) RTI के लिए मजदूर किसान संगठन ने आंदोलन किया।

चुनौतियाँ

- दुरुपयोग (कुडनकुलम परमाणु संयंत्र) → विदेशी फंडिंग
- राजनीतिक असमानता में वृद्धि
- संकीर्ण/स्वार्थी हित
- राष्ट्रीय एकीकरण के समक्ष खतरे के रूप में
- उग्रवाद का प्रचार करना
- विशिष्ट हित, लोकहित से कोई संबंध नहीं।
  किसान v/s पर्यावरण समूह
  msp व जल-उपयोग विरोधी मांगे
- राजनीतिक भ्रष्टाचार (क्रोनी पूंजीवाद, vote bank)
- असंवैधानिक पद्धति (हमले, आंदोलन)

अन्य - बड़े औद्योगिक समूह सरकार पर असमान प्रभाव डालते हैं।
→ इससे नीति आमजन के बजाय कॉर्पोरेट हितों के अनुरूप बन जाती है।

eg) vodafone tax dispute, Adani coal policy dispute
क्रोनी पूंजीवाद

- लॉबिंग में पारदर्शिता की कमी
  - → कोई स्पष्ट कानूनी ढाँचा नहीं
  - → Hidden policy influence

- आंतरिक लोकतंत्र का अभाव
  - → voice of member दबजाती है
  - → Internal गवर्नेंस गैप

- राजनीतिकरण
  - → कुछ दबाव समूह राजनीतिक दलों से जुड़े होते हैं

eg) ट्रेड union जैसे INTUC

- संस्थागत नियंत्रण का अभाव
  ↳ जवाबदेही की कमी
  → सरकार के पास उनकी गतिविधियों पर निगरानी और पंजीकरण का कोई ठोस तंत्र नहीं है।

(eg) US में Lobbying disclosure act

- ग्रामीण क्षेत्रों में नहीं (ग्रामीण-शहरी विभाजन)
- तात्कालिक दृष्टिकोण
  ↳ Lack of long term vision

<u>आगे की राह</u>

- दबाव समूहों को पंजीकृत करने और विनियमित करने के लिए कानूनी ढाँचा विकसित करना।
  (c वित्तपोषण, सदस्यता, गतिविधियाँ
  → Lobbying Regulation Act
- ~~मीडिया की निगरानी~~
- एक नियामक निकाय की स्थापना
- छोटे NGO + SHG और marginalized groups को Policy dialogue में शामिल किया जाए।
- दबाव समूह के लिए code of conduct और प्रोफेशनल स्टैंडर्ड लागू हो
  (eg) SEWA
- क्षमता निर्माण + बहु हितधारक परामर्श और सहभागी मॉडल + निगरानी और जवाबदेही
  (eg) FCRA

• नागरिक जागरूकता + शिक्षा

व्यवसाय समूह (eg) फिक्की, एसोचैम, CII

→ औद्योगिक परिदृश्य की समस्याओं को सरकार के समक्ष प्रस्तुत

→ सरकार की आर्थिक नीतियों में उद्योग जगत हेतु लाभकारी प्रावधान करवाने

→ उद्योगों में नवाचार और अनुसंधान को बढ़ावा

→ घरेलू एवं विदेशी बाज़ारों के मध्य संतुलन स्थापित करना

Example

• ट्रेड यूनियन - AITUC
  हिंदू मजदूर सभा

• कृषि समूह → • अखिल भारतीय किसान सभा

• छात्र संगठन → • ABVP, NSUI

• धार्मिक समूह → • RSS, विश्व हिंदू परिषद, जमात ए इस्लामी

• जाति समूह → नादर जाति संघ

• जनजातीय समूह → असम में ट्राइबल लीग

• विचार धारा आधारित समूह → नर्मदा बचाओ आंदोलन
  चिपको आंदोलन

• पर्यावरण → ग्रीनपीस, WWF, BNHS, TERI, BI
  IUCN, IPCC, UNEP etc

15 नीति निर्माण एवं चुनौतियाँ

अन्य विषय

- नीति कैसी होनी चाहिए

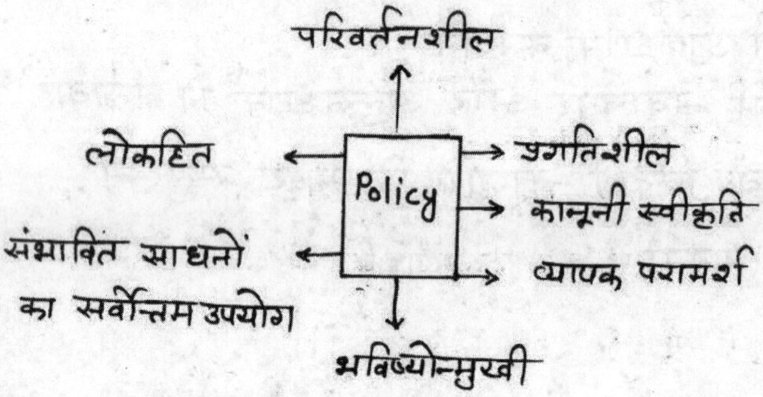

- नीति निर्माण को प्रभावित करने वाले कारक

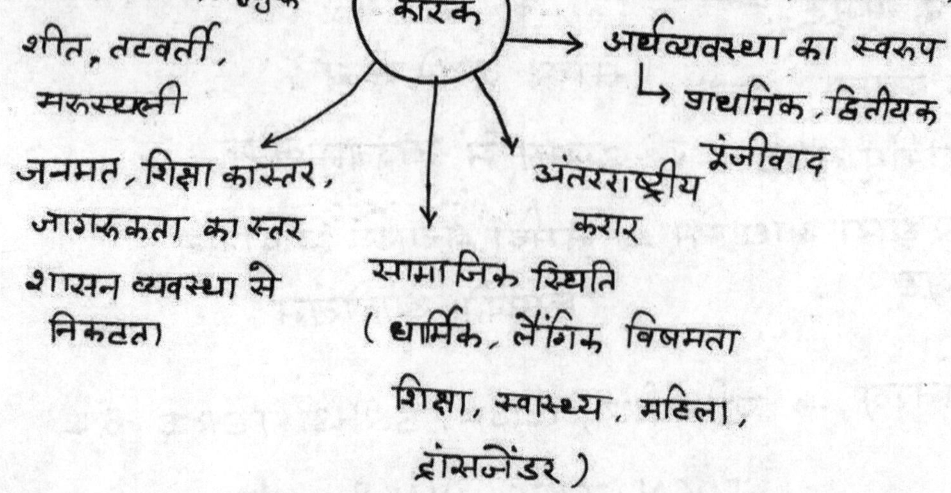

- सरकार पर नियंत्रण के कारक

कारक →
- विपक्ष की भूमिका
- विभिन्न निकाय- CAG, CVC, RTI
- सिविल समाज की भूमिका - NGO, SHG
- जागरूक जनमत
- संविधान की सर्वोच्चता (संवैधानिक कारक)
- मूल अधिकार
- शक्ति संतुलन की अवधारणा
- स्वतंत्र न्यायपालिका + निर्वाचन प्रणाली + WB/IMF

- भारत की सार्वजनिक नीति-निर्माण में कमजोरियाँ

- भारत में एक विषय को कई मंत्रालयों द्वारा देखा जाता है।
- नीति-निर्माण का कार्य ऊपरी स्तर पर होता है।
- नीति-निर्माण पूर्व सलाह व परामर्श प्रक्रिया में वांछित लोगों को शामिल नहीं किया जाता है।
- Research का अभाव
- राजनीतिक रूप से प्रेरित नीतियाँ
  - ↳ ऋण माफी
- दूरदर्शिता का अभाव
  - ↳ हरित क्रांति
- तकनीकी रूप से दक्ष लोगों की कमी

⇒ भारत में कमजोर वर्गों के लिए कल्याणकारी योजनाओं की प्रभावशीलता में चुनौतियाँ :-

चुनौतियाँ
- अपर्याप्त शिकायत निवारण तंत्र
- अधिकारियों की अक्षमता
- कम क्षमता निर्माण
- भाषा और पहुँच की बाधाएँ
- नीति निर्माण में सीमित प्रतिनिधित्व
- जागरूकता की कमी

• दानदाताओं एवं धर्मार्थ संस्थाओं
- → नीतिगत नवाचार
- → लोककल्याण
- → संकट प्रबंधन में
- → समानता
- → सामाजिक न्याय
- → सेवा वितरण
- → सामाजिक उत्तरदायित्व

eg) अजीम प्रेमजी फाउंडेशन (शिक्षा में सुधार)

eg) बिल 4 मेलिंडा गेट्स फाउंडेशन (परोपकारी पूंजीवाद)
↳ टीकाकरण + परिवार नियोजन + स्वच्छ भारत मिशन

eg) अक्षय पात्र फाउंडेशन
↳ Mid-day meal योजना के अंतर्गत PPP मॉडल से पौष्टिक भोजन वितरण → छात्र उपस्थिति व पोषण में सुधार

eg TATA ट्रस्ट
- → CSR
- → सरकार की योजनाओं के प्रभावी क्रियान्वयन में सहायता

eg रिलांयस फाउंडेशन
- → ग्रामीण आजीविका और महिला सशक्तिकरण
- → decentralized governance
- → Grassroot Empowerment

eg स्माइल फाउंडेशन
- → शिक्षा + स्वास्थ्य + आजीविका में

eg नैसकॉम फाउंडेशन (PPP मॉडल)
- Meity + CSC
- → राष्ट्रीय डिजिटल साक्षरता मिशन में एक प्रमुख भागीदार

⇒ **विभिन्न क्षेत्रों में विकास हेतु सरकारी नीतियाँ एवं हस्तक्षेप तथा उनसे उत्पन्न चुनौतियाँ**

सरकारी नीतियों के प्रमुख क्षेत्र

- शिक्षा
- स्वास्थ्य
- कृषि
- गरीबी एवं रोजगार
- महिला सशक्तिकरण
- डिजिटल क्षेत्र
- पर्यावरण
- औद्योगिक विकास

- नीतियों के डिजाइन एवं कार्यान्वयन में उत्पन्न मुद्दे

- नीति- निर्माण में खामियाँ (Policy design deficit)
  - → Top-down Approach अपनाना
  - → स्थानीय डेटा या नागरिक सहभागिता का अभाव
  - → one-size-fits-all मानसिकता

eg) PM-किसान योजना में भूमि रिकॉर्ड अपडेट न होने के कारण कई पात्र किसान लाभ से बाहर

- नीति कार्यान्वयन में खाई (implementation gap)
  - → last mile delivery problem
  - → गवर्नेंस Bottlenecks
  - → प्रशासनिक ढाँचे की जटिलता
  - → निगरानी एवं मूल्यांकन में कमी
  - → फंड रिलीज में देरी

eg) मनरेगा, PM फसल बीमा योजना (किसानों की क्लेम भुगतान में महीनों में देरी)
↓
outcome weakness

- संस्थागत क्षमता की कमी
  - ↳ तकनीकी एवं मानव संसाधन का अभाव

- नीति समन्वय में कमी ↳ SiLo based governance
  - ↳ अलग-2 मंत्रालयों और स्तरों में समन्वय का अभाव

eg) जल नीति, पर्यावरण, उद्योग आदि में

- निगरानी एवं मूल्यांकन प्रणाली की कमजोरी
  - → कई सरकारी योजनाओं की outcome Report समय पर नहीं बनती
  - → ठोस डाटा और मूल्यांकन प्रणाली नहीं है।

eg नीति आयोग का आकांक्षी जिला कार्यक्रम
↓
Data driven monitoring

- पारदर्शिता एवं जवाबदेही का अभाव
  - → PDS system में लीकेज
  - → PMAY में लाभार्थी-चयन में अनियमितता

- राजनीतिक हस्तक्षेप व अस्थिरता
  - → नीतियाँ सत्ता परिवर्तन के साथ बदल जाती हैं

- डेटा व सूचना की कमी + लाभार्थी पहचान की समस्या + क्षेत्रीय असमानता + तकनीकी एकीकरण से संबंधित चुनौतियाँ - डिजिटल डिवाइड

- केन्द्र - राज्य समन्वय चुनौती → नीति में केन्द्र का नियंत्रण

eg NEP-2020 कुछ राज्यों में भाषा नीति को लेकर मतभेद

- सहभागी नीति निर्माण
  ↳ नीति निर्माण में स्थानीय समुदायों, NGO, SHG, पंचायती राज संस्थाओं को शामिल करना

(eg) केरल People plan campaign

- संस्थागत क्षमता निर्माण
  ↳ trained ब्यूरोक्रेसी + technical expert

(eg) मिशन कर्मयोगी

- समन्वित दृष्टिकोण
  ↳ whole-of-government अप्रोच

(eg) pm गति शक्ति

- तकनीक आधारित निगरानी एवं मूल्यांकन
  ↳ Real time निगरानी, AI+GIS+Data डेशबोर्ड का use
  ↳ Real time governance

- पारदर्शिता और सामाजिक लेखा परीक्षा
  ↳ social audit +RTI + citizen चार्टर + शिकायत निवारण तंत्र

(eg) मनरेगा में सोशल ऑडिट

- केन्द्र-राज्य समन्वय एवं सहकारी संघवाद

(eg) GST काउंसिल

- नागरिक फीडबैक प्रणाली
  - (eg) My gov Platform
  - → citizen centric governance
  - → feedback loop in policy cycle
- नीति मूल्यांकन एवं सीखने की संस्कृति
  - (eg) दर्पण पोर्टल
- दीर्घकालिक
  - (eg) NEP-2020
- स्थानीय नवाचार ↑
  - DAY NRLM
- CSR एवं परोपकारी सहयोग
  - → अक्षय पात्र फाउंडेशन + सरकार का सहयोग
    - ↳ mid-day-मील
  - → PPP 4 CSR एकीकरण
  - → फेडएक्स + अक्षय पात्र फाउंडेशन (डेटा के जरिए प्रभाव
  - → नन्हीं कली - महिन्द्रा + नंदी फाउंडेशन] — रणनीतिक सहयोग
  - → इंफोसिस फाउंडेशन + टाटा ट्रस्ट

अतः भारत को policy for people → Policy with people → Policy by people

Case study + Example + Model

- मनरेगा
  - → फंड रिलिज में देरी + भ्रष्टाचार + social audit का कमजोर पालन
  - → CAG Report - कई राज्यों में मजदूरी भुगतान में 30-40% देरी
  - → फर्जीवाड़ा

मॉडल → social audit + digital payment

(eg) आंध्रप्रदेश

- NEP-2020
  - → design v/s federal Alignment issue
  - → (eg) तमिलनाडु ने त्रि भाषा नीति को अपनाने से इंकार किया

model → Cooperative federal policy model

नीति डिजाइन में राज्यों को बराबर stackholder बनाया जाए

- जल-जीवन मिशन
  - ↳ Integrated village water management model

गुजरात ने जल समितियों को empowered कर bottom-up planning की।

- Citizen Co-Creation model

(eg) Pune ने citizen को urban design में शामिल किया

- DBT
  - ↳ Hybrid digital + manual varification model

- PM आवास योजना
  - ↳ last mile delivery gap
  - ↳ GIS based housing varification system
    - ↙ Transparency ↘ accuracy ↑
  - ↳ Geo governance

- UK का "What works centre model"
  - ↳ एक साक्ष्य आधारित नीति दृष्टिकोण है।

उद्देश्य : सरकारी नीतियों और सार्वजनिक सेवाओं को डेटा और शोध के आधार पर अधिक प्रभावी बनाना है।

- अन्य मॉडल
  - → Problem identification (eg) असर सर्वे डाटा
  - → स्टेकहोल्डर की भागीदारी (eg) केरल People Plans
  - → Piolet testing
  - → Capacity building (eg) मिशन कर्मयोगी
  - → तकनीकी एकीकरण (eg) DBT
  - → Impact evaluation (eg) नीतिआयोग आउटकम बजटिंग
  - ↳ Coordination (eg) PM गति शक्ति